HE
PROBADO
&
QUIERO
más

EXPERIMENTANDO A DIARIO
EL AMOR INCONDICIONAL DE DIOS

Jaz Jacob

Jacob, Jaz
He probado y quiero más. -
1a ed. - Madrid: el autor, 2018.
109 p. ; 5.5 x 8.5 pulgadas.
ISBN: 1987704282

1. Cristianismo. I. Título
Diseño gráfico: María José Tórrez Villa-Gómez.

Corrección: Jaz Jacob
Distribución y pedidos por mayor: jazjacob@gmail.com
www.laculturareal.com

ÍNDICE

COMENTARIOS

Desde que conocí a Jaz Jacob, su vida y testimonio han impactado profundamente mi caminar con Dios. Todo aquel que conoce a Jaz termina hambriento de más de Jesús y este libro desprende ese maravilloso aroma que te hace querer dejar todo lo que estás haciendo para buscar a Dios. Es una invitación a experimentar verdadera libertad y a encontrarnos una y otra vez con el apasionante amor de Cristo. Jaz nos inspira y reta a conocer de una manera más profunda al Dios infinito que nos ama con locura. Te animo a que a través de cada capítulo de este libro permitas al Espíritu Santo derramar su amor sobre ti y hablarte de la manera que Él quiera.

Mauricio Reyes
Fundador del ministerio Preciosa Sangre.

En su libro "He probado y quiero más" Jaz cuenta como su encuentro con el amor incondicional de Dios transformó su vida. Ella comparte su lucha con el fin de ayudar a otros quienes han luchado con el mismo tema. Este libro es un libro libertador que pondrá un cántico en tu corazón al comprender que él nos ama, no porque nosotros somos buenos, sino porque él es bueno.

Roberto Evans
Pastor, conferencista y autor.

¡Este libro es una porción pura del corazón de Dios! Al leerlo, experimentarás su tierno abrazo, que te saca de la religiosidad y te posiciona en el lugar donde los frutos se manifiestan. Ya sea a través de sus canciones, predicaciones o ahora de forma escrita, mi amiga Jaz, tiene una capacidad extraordinaria de interpretar el amor y la gracia de Dios, y trasmitirla a esta generación que esta necesitada de lo genuino y verdadero. ¡"He probado y quiero más" despertará un hambre en tu corazón que cambiará tu vida para siempre!

Mariano Sennewald
Fundador y director del instituto MiSión en Argentina

Si lees "He probado y quiero más" estarás leyendo el corazón de Jaz Jacob. Sin embargo, en cada página, en cada capítulo nos va mostrando otro corazón, el de un Padre totalmente enamorado de ti y de mí. No sólo es un libro escrito con reflexión y meditación, sino un libro que derrama pasión. Si quieres vivir una vida libre de legalismos, una vida que arda por Dios, sin duda tienes que sumergirte en estas páginas... yo lo hice, y renovaron mi amor por Cristo.

Marcos Zapata,
Pastor y Presidente de la Alianza Evangélica Española.

PRÓLOGO POR ITIEL ARROYO

En la última cena que Jesús tuvo con sus discípulos antes de su crucifixión, el maestro les hizo una advertencia escandalosa: "Los líderes religiosos van a apresarme y me llevarán a juicio, cuando eso ocurra, vosotros huiréis y me dejaréis solo". Cuando esas palabras resonaron en los oídos de sus discípulos, sus corazones se contrajeron en el pecho. La tensión era palpable en el aire y, mientras se miraban los unos a los otros, el silencio se hacía insoportable.

Entonces Pedro rompió el silencio con una afirmación apasionada pero terriblemente arriesgada: "Aunque todos te dejen solo, yo te demostraré que mi amor por ti no fallará". Después de esta declaración eufórica, el resto de los discípulos continuaron declarando su amor a Jesús y sus intenciones de ir a la muerte con él si fuese necesario. Todos alardeaban de su amor por Jesús excepto uno: Juan. Mientras todos los demás hacían sus promesas, él permaneció callado en la presencia de Jesús, le miró a los ojos y se recostó sobre su pecho. Y por unos minutos más, disfrutó del amor de su Señor. Lo disfruto en silencio.

Al terminar la noche, Pedro había negado a Jesús tres veces delante de una adolescente, sus compañeros habían huido, escondiéndose en la oscuridad de Jerusalem, y solo Juan tuvo el valor de seguir a Jesús de cerca y llegar a los pies de la cruz, consolando a su Señor en el momento de su mayor agonía y atendiendo a su madre mientras ella lloraba a su hijo crucificado. Los que confiaron en su amor por Jesús, le dejaron solo, pero el que confió en el amor de Jesús por él, le acompañó hasta la cruz.

Esto me hace pensar en la manera en la que vivo mi vida como discípulo. Pienso en todas las promesas que le he hecho a Jesús en momentos de euforia, afirmando que mi amor por él era suficiente para lograr grandes objetivos: Una mayor pureza, un sacrificio más costoso o un acto de valor. Tantas veces he confiado en mi propio amor por Jesús y al llegar la noche lo único que he demostrado es que mi amor por él ha resultado ser insuficiente. Sin embargo, ha habido momentos en los que me he abandonado al amor de Jesús por mí, he recostado mi mente sobre el corazón de Jesús y he sido lleno de su amor, y sorprendentemente en esas épocas he alcanzado niveles de pureza que no imaginaba, he hecho sacrificios costosos con gran gozo y he actuado con un valor que ha hecho temblar el infierno. He descubierto que confiar en el amor de Jesús actuando dentro de mí, da mejores resultados que confiar en el amor que yo tengo por Jesús. En esta relación, su amor ha sido suficiente para los dos. Su amor me ha convertido en un discípulo dispuesto a ir a la cruz. He de admitir con humildad, que, si yo le he amado a él, es porque Él me ha amado primero. ¡Y con cuán grande amor me ha amado! Un amor escandaloso que hace ver insignificante el mío. Pero finalmente el Evangelio se trata de su amor.

Por último, es interesante notar que el Evangelio llama a Juan el "Discípulo amado de Jesús". Durante mucho tiempo interpreté que Jesús amaba a Juan de una forma especial, con una intensidad mayor de lo que amaba a los otros once. Él era el discípulo amado y los otros eran simples discípulos. Impulsado por mi deseo de dejar de ser un simple discípulo y convertirme en un discípulo amado, intenté averiguar el secreto que hacía a Juan digno de ese amor. Me esforcé por descubrir que debía hacer para acceder a la categoría de "Amado".

Entonces, el Espíritu Santo me hizo darme cuenta de algo: El único lugar donde se nombra a Juan como el "Discípulo amado" es en el Evangelio de Juan, que casualmente es el Evangelio que él mismo escribió. Esa frase no se encuentra en el Evangelio escrito por Mateo, Marcos o Lucas, solamente se encuentra en el Evangelio escrito por Juan. De hecho, es Juan mismo quien se nombra a sí mismo como el discípulo al que amaba Jesús.

¿Cuál es la verdad de este asunto? La verdad es que Jesús amaba a los doce discípulos intensamente por igual, pero Juan fue de entre los doce el que mejor supo conectarse con el amor de Jesús. El secreto de Juan para ser el "Discípulo amado" fue personalizar ese amor y disfrutarlo mientras el resto dedicaban su energía a demostrar cuán buenos discípulos eran. Juan, a diferencia de mí durante mucho tiempo, definió su identidad primordial sobre esto: El amor de Jesús por él. Si hubieses preguntado a Juan "¿Quién eres?" él no habría dicho: "Yo soy un apóstol original, yo soy el autor de un Evangelio, yo soy un plantador de iglesias o yo soy el escritor de Apocalipsis..." Él hubiera dicho: "Yo soy el que ama Jesús"

En este libro, mi amiga Jaz, con una honestidad abrumadora, te va a narrar cómo pasó de ser una discípula afanada por demostrar cuánto amaba a Jesús, a convertirse en una discípula abandonada completamente al amor de Jesús por ella. Descubrirás con ella la verdad que puede cambiar tu manera de vivir tu vida cristiana: Ya eres el discípulo amado de Jesús, vive de esa manera, muere con esa confianza.

Itiel Arroyo
Fundador ministerio Pasión y conferencista

INTRODUCCIÓN
HE PROBADO & QUIERO MÁS

Estaba en mi tiempo habitual con el Señor y poniendo el día que estaba a punto de comenzar delante de Él cuando oré:

- Padre: ayúdame a ser más paciente hoy... y más amorosa. Quiero servir más... ¡Sí! eso es, que hoy tenga un corazón de sierva, también quiero tener pasión por la santidad y quiero ser más amable. Ayúdame a ser más amable... ¡Y generosa! ¡Eso es! ¡Que hoy pueda ser más generosa!

No había salido de casa, ni siquiera había terminado mi tiempo de oración y ya estaba cansada de pensar en todo lo que iba a intentar hacer para transformarme en "mejor cristiana". Lo verdaderamente desalentador es que sabía que había orado algo muy similar la mañana anterior, y la otra, y la otra... ¡Estaba agotada de intentar cambiarme sin ningún éxito! Tenía un gran anhelo por ser una buena cristiana y por agradar a Dios. Años atrás había tenido un encuentro frontal con el amor de Cristo, sabía que Él me había amado con locura y yo quería usar todas mis fuerzas para demostrarle lo mucho que le amaba yo a Él. Pensaba: "si solo consigo transformarme un poco más y ser más como Él, podré demostrarle que yo también lo amo".

Pasé varios años viviendo con este enfoque, y decir que quedé totalmente agotada, es poco. Simplemente no podía más, recordaba mi pasión de recién convertida y anhelaba volver a ese punto, pero no sabía cómo. Barajaba dos opciones: puedo ir a la iglesia cada domingo, ser de esos creyentes que tan solo cumplen con asistir... quizás esto sea la solución para no sentirme como un fracaso o... puede que necesite un congreso... ¡Eso es! si encuentro el congreso perfecto y salgo al llamado, quizás me ayude y deje de sentirme frustrada ante mi falta de transformación. Menos mal que Dios, en su misericordia, tenía un plan perfecto para sacarme de mi frustración y convertirme en la persona libre y enamorada que disfrutaba y descansaba en su amor, y no en la persona que vivía constantemente intentando agradarle.

¿Sabes que no hay nada que puedas hacer para que Dios te ame más? ¿Realmente lo sabes? Déjame hacerte otra pregunta: ¿sabes que no hay nada que puedas hacer para que Dios te ame menos? Se trata de la locura más grande de todas: Él te ama simplemente porque sí. Te ama porque te ama.

Esta es la razón por la cual he decidido escribir este libro. Pasan los años y no dejo de encontrarme con personas que, en algún momento de su caminar con Dios, se frustraron y perdieron su pasión por Él. Dejaron a un lado la voz que susurraba a sus corazones, llamándolos a un nuevo nivel de intimidad y se resignaron a una vida mediocre pensando que ese anhelo "por algo más" era una farsa. Sin embargo, si Dios puso un anhelo en nosotros "por algo más", no creo que lo haya hecho para que vivamos frustrados; esto no refleja al Dios bueno que sabemos que es. Si Él puso un anhelo en nosotros, significa que este "algo más" no es un engaño sino algo real y accesible. Si puso un deseo en nosotros es porque sabe que puede ser satisfecho. Se puede vivir totalmente enamorado de Aquél que, siendo aún pecadores, nos amó primero. Si en algún momento perdiste tu pasión o tu fuego por Dios, doy fe de que se puede recuperar.

Dios, en su infinita misericordia, nunca deja de llamarnos a un nivel más profundo de intimidad con Él. Dicho anhelo, por muy escondido que esté, permanece, y espero que las siguientes páginas te puedan ayudar a entender un poco mejor cuán alto, cuán ancho y cuán profundo es su amor por ti (Efesios 3:18).

Jaz Jacob

CAPÍTULO 1

SACANDO A DIOS DEL MOLDE

Cuando comenzamos nuestro caminar con Dios, queramos o no, empezamos a crear ideas y conceptos sobre quién es Él, y los almacenamos en nuestro subconsciente, en una base de datos mental de la cual sacamos información cada vez que nos relacionamos con Dios.

Es como si tuviésemos una pizarra limpia y conforme lo conocemos empezamos a escribir y dibujar cosas que aprendemos de Él para hacernos una idea de quién es este Dios al que adoramos. Ahora bien, muy a nuestro pesar, la siguiente vez en que nos acerquemos a Él, buscaremos en nuestra base de datos y miraremos los apuntes que tenemos en nuestra pizarra para saber quién es esta persona y cómo relacionarnos con ella. El problema radica en que, a veces, llenamos nuestra pizarra de conceptos y no dejamos que Él nos revele otros aspectos de su carácter.

Aunque muchos llegan a los pies de Cristo sin ninguna idea de quién es, otros llegamos con ideas preconcebidas de cosas que hemos escuchado, leído o que nos ha transmitido nuestra familia, cultura o contexto. Indiscutiblemente, la manera en la que percibimos a Dios determinará cómo nos acercaremos a Él a diario y cómo transmitiremos su carácter al mundo que nos rodea. Por ejemplo: si mi concepto es el de un Padre que ama la excelencia y que disciplina, quiera o no, vendré ante Él procurando que vea lo bien que me he portado y, cuando hable de Él a los demás, transmitiré de algún modo la importancia de agradarle, de vivir en constante santidad, la necesidad de arrepentirnos diariamente, etc.

Obviamente no hay nada malo con la excelencia y con la disciplina y la Palabra es clara en cuanto a que Dios es un Padre que disciplina a los que ama (Hebreos 12:6) pero, a veces, nuestra idea sobre Él retrasa el que podamos verlo en su plenitud o recibir algo nuevo.

Llegues como llegues a los pies de Cristo, ya sea sin conocimiento previo o después de haber escuchado durante años, no tardarás mucho tiempo en llenar tu pizarra mental de ideas y revelaciones. Aunque es probable que estas revelaciones sean increíbles en el momento en que Dios te las muestra, a lo largo de las semanas, meses y años, esta pizarra llena habrá creado en ti un filtro a través del cual verás a Dios y, si no somos conscientes de su existencia, nunca estaremos totalmente abiertos a una revelación en nuestras vidas de la manera en la que Él nos la quiera transmitir. Solo podremos recibir todo lo que tiene para nosotros cuando seamos conscientes de este filtro y decidamos dejar que Él haga lo que quiera, cuando quiera.

Si estudias los avivamientos del pasado, observarás algo que casi todos los líderes de estos movimientos tuvieron en común: aunque experimentaron un mover increíble de Dios y del Espíritu Santo, fueron incapaces de reconocer el mover siguiente y desecharon los sucesivos avivamientos como algo que no provenía verdaderamente del Espíritu. ¿Por qué? Yo creo que porque habían apuntado en su pizarra cómo se movía Dios y cuando vieron que lo hacía de otra manera, en otro lugar, asumieron que no era real ya que, según su experiencia, Dios no se movía así. Lo mismo nos pasa a nosotros: tendemos a meter a Dios en un molde. Vemos cómo actúa y pensamos, "¡Vale! ¡Ya entiendo qué sucede cuándo se mueve Dios!". O recibimos una revelación de su carácter y pensamos, "Ok, así es Dios, ya lo entiendo"; y somos incapaces de verlo de otra manera, aun cuando la situación por la que estemos pasando requiera otro aspecto de su carácter.

Durante años, mi concepto de Dios era el de un Padre justo que amaba la excelencia y aunque intentaba revelarse a mí de distintas maneras, yo no era capaz de verlo. Intentaba agradarle y demostrarle que era una buena hija y por lo general sentía que, como Papá, Él estaba muy orgulloso de mí. El problema llegó cuando dejé de sentirme así.

Discipulaba a varias personas, había comenzado a viajar para dirigir la alabanza y compartir la Palabra, y estaba encargada de varios ministerios en la iglesia (cafetería, el grupo de adolescentes, diseño gráfico y obras sociales). Cada vez que alguien me preguntaba si podía hacer algo para el Señor, yo respondía rápidamente que sí y lo añadía a mi larga lista de cosas que hacer. ¿Por qué? Porque quería agradar al Padre justo para que estuviese orgulloso de mí, pero llegó el momento en el que ya no pude más, ¡tenía demasiadas cosas que hacer y solo veinticuatro horas al día! Y, poco a poco, empecé a fallar. Un domingo no organicé bien la cafetería, otro día fallé en preparar el mensaje para el grupo de adolescentes y, en varias ocasiones, mis consejos a las personas que estaba discipulando no fueron los más acertados. Poco a poco me empecé a sentir como un fracaso.

Fui como ese padre de familia que trabaja tan duro para su familia que nunca tiene tiempo para ellos. Hemos escuchado este tipo de historias sin cesar: pareja enamorada se casa y comienza una familia, con el tiempo el padre y hombre de negocios, empieza a trabajar más y más, siempre con los suyos en mente. Quiere enviar a sus hijos a la mejor escuela y poder ofrecerles lo que él nunca tuvo. Un día, años después de seguir este estilo de vida, llega a casa y se da cuenta de que está totalmente desconectado de su familia. No sabe cuándo sucedió pero ya no se acuerda de qué fue lo que le enamoró de su esposa y no sabe qué les gusta a sus hijos porque realmente no los conoce. Estaba trabajando tan duro para ellos que al final ni siquiera estaban en su vida. Cuando comenzó, lo hizo con buenas intenciones, pero nunca se dio cuenta de que a sus hijos no les importaba a qué escuela iban o si tenían más regalos bajo el árbol de navidad que otros niños, lo que realmente querían era conocer a su papá y tener una relación con él.

Sin darme cuenta, yo era ese hombre de negocios. Había empezado a servir y a trabajar para Dios sin percatarme de que realmente lo que a Él le importaba no era tanto lo que yo hacía, sino yo misma. Al igual que esos niños, Él anhelaba pasar tiempo conmigo, pero yo estaba demasiado ocupada haciendo cosas para Él.

Cómo piensa Dios

La tendencia del ser humano es pensar que los demás piensan de nosotros lo mismo que nosotros mismos. Si te ves como un tonto creerás que los demás también te ven así, y si crees que eres inteligente asumirás que los demás también lo creen.

Me encanta cuando descubres que lo que para ti era un gran complejo y que asumías que todos veían, realmente es una tontería de la cual nadie se había dado cuenta. ¿Nunca te ha pasado? Por ejemplo: tienes complejo de ser narizón. Todos los días te miras en el espejo y es lo primero que ves. Para ti, no es una nariz grande, ¡es enorme!, ¡monstruosa!, estás totalmente convencido de que todos te ven y piensan "¡por ahí va la nariz andante!".

Un día, por alguna extraña razón, entre un grupo de amigos de mucha confianza, intentas hacer un chiste acerca de tu nariz (piensas que si tú eres el que hace la broma, quizás opinen y así dejen de hablar de ello a tus espaldas). Automáticamente, todos tus amigos inclinan la cabeza con cara de confundidos, observan tu nariz, comienzan a hacer comentarios acerca de lo normal que es y cambian de tema. Lo que para ti era un gran problema, para ellos carecía de importancia.

Esto mismo, que puede parecer una historia ridícula, nos pasa con Dios. Asumimos que Él piensa de nosotros lo que nosotros pensamos de nosotros mismos. Si estás haciendo algo para Él y te sientes orgulloso de ti mismo, pensarás que Él también está orgulloso de ti. Por ejemplo, imagínate esta escena: es tarde y te acuestas en la cama pero, antes de cerrar los ojos, decides que a la mañana siguiente te despertarás más pronto de lo habitual para buscar a Dios. Pones el despertador a las seis de la mañana y te duermes. Por la mañana, oyes el despertador y aunque estás increíblemente cansado, consigues levantarte. Pasas un tiempo estupendo con el Señor orando, leyendo la Palabra y adorando. Conforme sales para el trabajo parece que vas flotando en una nube de la presencia de Dios y el resto de tu día va de gloria en gloria: ayudas a una señora mayor a cruzar la calle, compartes tu fe en tu escuela o lugar de trabajo, oras por un enfermo en el metro y cuando llegas a casa después de un largo día, todavía tienes energía para ayudar con la cena.

Al final de un día como este, lo natural es sentirse orgulloso de uno mismo ya que, al fin y al cabo, conseguiste lo que te propusiste. El problema está en asumir que Dios también debe sentirse orgulloso de ti porque... ¿qué pasa cuando las cosas no te salen bien? Vamos a retroceder la película y darle la vuelta a la situación: pones el despertador la noche anterior para pasar tiempo con Dios por la mañana, pero cuando suena, estás tan cansado que lo apagas y te vuelves a dormir. Te despiertas unas horas más tarde justo a tiempo para salir corriendo al trabajo, casi atropellas a la señora mayor que está cruzando la calle. Cuando te preguntan por tu fe, te pones nervioso y cambias el tema de conversación y al llegar a casa por la noche, mientras todos preparan la cena, tú tienes una actitud horrible. Al final del día lo normal es que te sientas como un fracaso y que estés desilusionado contigo mismo. El problema está en que asumirás que Dios también te ve así y que está desilusionado pero... ¿y si Dios no piensa como pensamos nosotros? ¿y si verdaderamente no está impresionado por nuestras obras, sino que nos ama simplemente porque sí?

Cuando pasé por este tiempo de sentirme fracasada, caí en la misma trampa. Asumí que Dios pensaba de mí lo mismo que yo misma pensaba: al sentirme como un fracaso, creí que Él también pensaba esto. Vivía convencida de que Dios estaba profundamente desilusionado conmigo y con mi comportamiento.

Un día salí a pasear y le hice una pregunta a Dios:

- "Señor, no sé cómo volver a amarte con la pasión con la que te amaba antes". Rápidamente y para gran sorpresa mía, Dios me contestó:

- "Jaz, ¿por qué me amas?", me dijo.

- "Ah, Dios", dije yo con una sonrisa, "la respuesta a esta pregunta es fácil, porque está en la Biblia; te amo, porque Tú me amaste primero.

- "Entonces, ¿cómo vas a poder amarme otra vez si no dejas que yo te ame primero?".

Me quedé boquiabierta. Estaba tan obsesionada con intentar demostrarle que lo amaba que no me había parado a tan solo dejar que Él derramase su amor sobre mí. La pizarra de mi mente estaba tan llena de revelaciones como las de un Dios justo, un Dios santo, un Dios de perfección, un Dios trabajador, etc., que no había dejado ni un solo espacio para que se revelase a mí como un Papá bueno, amoroso y orgulloso.

Dios no es un padre alcohólico

Quiero hacer un pequeño paréntesis para cuestionar otra manera de pensar que se nos ha enseñado a veces. Mucha gente dice que le cuesta relacionarse con Dios como Padre porque no tuvieron un buen padre biológico en la tierra. He escuchado múltiples veces como la gente dice cosas del tipo "tuve un padre alcohólico y por lo tanto no puedo acercarme a Dios como Padre celestial" y, aunque puedo entender este concepto y puedo entender que tienen una necesidad de sanar sus heridas del pasado, lo que no entiendo es porque estamos comparando a un Dios perfecto con un padre imperfecto ¡no tienen nada que ver!

Vamos a ser sinceros: da igual si eres hijo de pastor o hijo de un alcohólico, nadie ha tenido un padre perfecto, ¿por qué? Porque fuera de Dios, no hay nadie perfecto. Cuando te acerques a Dios, borra lo que está en tu pizarra mental (por lo menos, ponlo a un lado) y, de manera diaria, deja que Él escriba en la pizarra de tu corazón, que te revele quién es y que te susurre su amor. Tantas veces caemos en ver la vida de alguien y pensar cosas como "bueno, como tuvo una infancia difícil, es normal que no pueda ser libre en Dios". ¡Pero Dios es muchísimo más grande! su cruz nos puede liberar por completo, su amor puede echar fuera nuestro temor y su paz puede restaurar hasta la herida más profunda. Sí, ayudemos a gente a ser sanada de su pasado y tomemos la determinación de ser totalmente sanados del nuestro, ayudemos a la gente a perdonar y perdonemos, pero también, ayudémoslos a dejar las comparaciones y dejémonos de comparar a "un padre alcohólico" con un Dios que es eternamente bueno, lleno de amor, lento para la ira y grande en misericordia.

Dejando que borre la pizarra

Sea lo que sea que hayas escrito en la pizarra de tu mente cuando conociste a Dios, ya sea que le veas como un buen Padre o como un Dios de justicia y excelencia, la verdad es que Él es mucho más. Aunque tengas muchísimas revelaciones de su carácter y de su persona, nunca vas a poder entenderlo en su plenitud porque Él es inmensamente más de lo que imaginamos. Es por eso que tenemos, no solo toda nuestra vida aquí en la tierra, sino toda una eternidad por delante para descubrirle. Lo importante no es que intentes entenderle, pues, ¿quién quiere adorar a un Dios tan pequeño que se consiga entender con una mente humana y terrenal? Lo importante es estar tan hambrientos de Él que estemos dispuestos a dejar de lado el molde en el que le hemos metido para dejar que se revele a nosotros como Él quiera.

PREGUNTAS DE REFLEXIÓN

1. ¿Qué hay en la pizarra de tu mente sobre quién es Dios? ¿Crees que hay espacio en esa pizarra para que Dios revele facetas totalmente diferentes?

2. ¿Que crees que piensa Dios de ti? ¿Crees que este pensamiento está basado en las cosas que haces para Él?

3. ¿Has comparado alguna vez a Dios con tu padre terrenal? Toma un tiempo para pedir perdón a Dios por compararlo y pídele que te revele lo perfecto e increíble que es.

CAPÍTULO 2

DESCUBRIENDO NUESTRA LEVADURA

Hace muchos, muchos años, sentado en una barca en medio del mar de Galilea, Jesús les advirtió a sus discípulos de que tuviesen cuidado con la levadura de los fariseos (Lucas 12:1). Es increíble cuántos tesoros hay en la Palabra que pasan desapercibidos. Quizás sea porque leemos con rapidez y por encima aquellas cosas que no entendemos o porque hay tantos versículos que el Espíritu Santo escoge traer a la luz verdades diferentes durante tiempos distintos de la historia de su iglesia. Sea por la razón que sea, yo había leído este versículo múltiples veces sin darle mucha importancia hasta que un día, Dios me reveló mi levadura. Esta levadura comenzó de una manera muy sutil pero había crecido intoxicando mucho de quien era y de lo que creía, y lo que había empezado como una leve malinterpretación de su Evangelio, acabó echando a perder la posibilidad de acercarme realmente a Él.

Ahora, antes de explicar qué significa para mí la levadura de los fariseos, creo que es importante establecer el fundamento de que este aviso que Jesús le da a sus discípulos no era solo para los doce del siglo primero, sino para ellos y para los siguientes cientos de miles de discípulos que seguirían a Jesús a lo largo de los siglos venideros. Este aviso que forma parte de tres de los cuatro evangelios es para ti y para mí. ¿Te imaginas si Jesús se presentase hoy en carne y hueso en tu casa y te dijese "cuidado con la levadura de los fariseos?", seguro que no dejarías pasar ni un minuto antes de empezar a buscar el significado.

Así que, si realmente es una advertencia de Jesús para hoy, veamos por qué lo hizo y qué significa. Vamos a empezar entendiendo quiénes eran los fariseos.

Los fariseos

Los fariseos eran personas increíblemente trabajadoras sin un pelo de vagos en todo su ser. Al igual que el resto de los judíos de aquel entonces, los fariseos dedicaban todo su tiempo a leer y aprenderse las escrituras, pero, no solo se las aprendían, sino que las memorizaban y... no estoy hablando de memorizarse solo Juan 3:16 en la escuela dominical, ¡se memorizaban los primeros cinco libros del Antiguo Testamento! Además, también se aprendían todas las tradiciones históricas que se habían pasado de generación en generación e intentaban cumplir al pie de la letra cada mandamiento, orden, sugerencia y recomendación.

Los fariseos habían escrito en la pizarra de sus mentes lo que se les había enseñado y lo que habían interpretado acerca de Dios, habían asumido que lo que estaba en sus pizarras era la plenitud de quién era Dios. No solo tenían una enumerativa de características, sino un gran listado de todo lo que había que hacer para conseguir su verdadera aprobación. Lo peor de todo, es que doctos de la ley no solo se exigían un cierto comportamiento para acercarse a Dios, sino que también influían en lo que la gente a su alrededor pensaba de Dios y de cómo acercarse a Él. Hubo una ocasión en la que Jesús dijo a los fariseos que tenían tantísimas reglas que ni ellos ni nadie podían cumplirlas (Lucas 11:46, 52). Básicamente, los fariseos controlaban su relación con Dios.

Un día, llegó una mujer para ungir los pies de Jesús (Juan 12), trajo todo lo que era y todo lo que tenía sin pensar en los religiosos de alrededor. ¿Alguna vez te ha preocupado el qué pensarán otros de ti mientras sirves o adoras a Dios? Pues a esta mujer no le importaba la gente que tenía al lado, le daba igual lo que pensasen de ella y le daba igual si estaba haciendo el ridículo, lo único que le importaba era Jesús. Sin embargo, en medio de este precioso acto de adoración, los fariseos la estaban observando y lo que estaba haciendo no encajaba con lo que tenían en su pizarra. En primer lugar, en su listado de lo que se debía hacer para acercarse a Dios (o, en este caso, a un hombre de Dios, ya que todavía no habían reconocido que Jesús fuera el Mesías), esta mujer definitivamente no lo había cumplido y, en segundo lugar, en su lista de lo que uno debía hacer para "ser un buen judío", esto de romper un frasco caro de perfume sobre los pies de alguien tampoco estaba ahí; al fin y al cabo, era mejor darle el dinero del precio del frasco a los pobres (o eso pensaban ellos). En fin, no solo no estaban de acuerdo con que esta mujer se acercase, sino que tampoco con lo que hizo para adorar porque, al igual que yo, tenían una pizarra mental y en ella habían clasificado de mayor a menor lo que era valioso para Dios.

Hace unos años estaba pasando tiempo en oración cuando Dios trajo a mi mente una visión: estaba en un armario grande y había colgadas un montón de camisas idénticas. Todas las camisas eran blancas, estaban planchadas de la misma manera y colgaban en la misma dirección, pero cuando me acerqué a verlas vi que eran de diferentes marcas. Algunas de las camisas eran de tiendas caras como Gucci o Carolina Herrera, otras eran de Zara y Mango y otras eran de H&M y de marcas desconocidas y baratas. Fue entonces que escuché a Dios susurrando a mi oído:

"Jaz, tú has categorizado todo lo que has hecho para mí y piensas que pongo más valor sobre algunas cosas como predicar o dirigir la alabanza pero, en realidad, todo lo que has hecho (cuando has lavado platos, cuando has hecho tu cama, cuando has discipulado a alguien), todo lo veo igual. Para mí no hay diferencia, todo lo que ha sido adoración es igual de precioso".

Esto mismo pensó Jesús con la mujer del frasco de alabastro. Mientras los religiosos estaban analizando si era lo correcto para Dios, Jesús estaba fascinado con que alguien trajese todo lo que era sin pensar en el "qué dirán": le dio igual si la mujer era o no perfecta, le dio igual si estaba haciendo algo que nadie había hecho antes, sabía que era genuino y lleno de pasión y eso cautivó su corazón.

Los fariseos habían metido a Dios en un molde irrompible y lo triste es que en todas las anotaciones de su pizarra acerca de quién era Dios, habían fracasado a la hora de ver realmente su corazón. Pensaban que sabían todo acerca de Él y de lo que era importante para Él. Sin embargo, cuando Jesús mismo, Dios hecho hombre, se presentó delante de ellos, no fueron capaces de reconocerlo. No sé tú, pero esto provoca en mí un temor: espero no haber metido a Dios en un molde tal que no sea capaz de reconocerlo cuando esté presente y queriendo moverse.

La levadura

Ahora que sabemos quiénes eran los fariseos, vamos a intentar entender qué es la levadura. Físicamente, la levadura es un hongo que se alimenta de azúcar y crece a través del proceso de fermentación. Por ejemplo, si pensamos en una masa de pan, lo que hace la levadura (el hongo) es que descompone el azúcar en la masa y se alimenta de él. Al alimentarse del azúcar, empieza a crecer y por lo tanto hace que la masa entera también crezca. El tamaño o la cantidad de levadura que se pone en una masa para hacer pan puede ser increíblemente pequeña. De hecho, si has hecho pan alguna vez (o, en mi caso, masa para pizza), la levadura que añades puede ser solamente unos pequeños granitos (como semillas) o un cuarto de una cucharilla; sin embargo, el resultado es increíble: puedes comenzar con una cantidad de masa x y, en tan solo noventa minutos, ¡tener el doble!

Ahora, imaginémonos haciendo pan. Ponemos levadura en nuestra masa, la amasamos y la dejamos reposar durante una hora y media. Cuando volvamos, tendremos una gran cantidad de masa multiplicada, lo cual es genial si es lo que queremos, pero imagina que llegas, ves toda esa masa y decides que quieres sacar la levadura, ¡es imposible! ¿Por qué? porque, aunque solo añadiste una pequeña cantidad, ya se ha multiplicado, ha llenado toda la masa y no puedes ver dónde está.

¿Qué tiene que ver esto con nosotros? Cuando Jesús les dijo a los discípulos, "cuidado con la levadura de los fariseos", les estaba diciendo, "hay algo que puede ser diminuto y sutil pero que puede multiplicarse en ti de tal manera que llene y afecte toda tu vida espiritual".

Los fariseos basaban toda su relación con Dios en lo que podían hacer y demostrar y trataban de entender cómo funcionaba Dios para así tener siempre el control. En una ocasión, Jesús les dijo: "Cuando oréis, no seáis como los hipócritas; porque a ellos les gusta ponerse en pie y orar en las esquinas de las calles, para ser vistos... y cuando ayunéis, no pongáis cara triste, como los hipócritas; porque ellos desfiguran sus rostros para mostrar a los hombres que están ayunando" (Mateo 6:5, 16).

No sé qué piensas tú de este versículo pero a mí me parece una instrucción un poco absurda, supongo que es porque nunca he visto a alguien desfigurarse para aparentar ser más espiritual ni a nadie orar en la calle para que otros le oigan, pero, si avanzamos algo más, justo después de la muerte de Jesús, nos encontramos con un grupo de cristianos en Galacia decidiendo si circuncidarse o no para ser "buenos cristianos". ¿Qué estaban haciendo al circuncidarse y requerir que otros también lo hiciesen? Estaban cayendo en el viejo truco de los fariseos de pensar que al hacer algo, serían mejores creyentes y más aceptados por los demás y por Dios. Sin darse cuenta, habían permitido que pequeños granitos de levadura entrasen en su iglesia y fermentasen su relación con Dios. Menos mal que, en esta ocasión, Pablo reconoció la levadura y escribió rápidamente esta carta para ayudarles a recordar que no era por obras sino por gracia (Gálatas 5:6).

Puede que ni tú ni yo intentemos demostrar que estamos más delgados a causa del ayuno y puede que no salgamos a la calle y hagamos oraciones elocuentes, pero si Jesús nos avisó de tener cuidado con la levadura (algo increíblemente pequeño), entonces debe de ser porque puede ser algo sutil y difícil de reconocer a la primera.

Una semana después de haber tenido esta visión del armario con las camisas idénticas, Dios volvió a traerla a mi mente y otra vez me vi en el mismo armario pero esta vez no estaba sola, ¡Jesús estaba allí conmigo! Los dos estábamos mirando estas camisas blancas cuando, de repente, Él empezó a reírse y comenzó a quitar las camisas y a arrojar las perchas. Quitó absolutamente todo hasta dejar solo la barra vacía en el armario. Fue entonces que el Padre susurró de nuevo a mi oído: "Jaz", me dijo, "en realidad todo lo que has hecho me da igual, solo me importas tú".

Había vivido años de mi relación con Él intentando impresionarle sin darme cuenta de que esto mismo era lo que hacían los doctos de la ley. Quizás no me desfiguraba la cara al ayunar, pero sí oraba durante largos ratos pensando que así sería más digna de ser usada por Él. La mujer con el frasco de alabastro no vino a derramar su perfume sobre los pies de Cristo para que Él se impresionase, simplemente lo hizo como respuesta al amor y perdón de Jesús. ¡Cuántas horas había pasado en oración y alabanza intentando que me amase más sin darme cuenta de que Él ya me había amado con el amor más grande e inmenso que existía! Quizás yo no oraba en voz alta para que otros me escuchasen, pero sí servía en muchísimos ministerios para demostrarles, tanto a Dios como a otros, que al igual que la iglesia de los gálatas, yo era "una buena cristiana". Cuando hacemos obras tanto en privado como en público para demostrar algo (incluso a nosotros mismos). Es tiempo de recordar esas palabras de Jesús: "cuidado con la levadura de los fariseos". Puede que la levadura parezca insignificante pero ¡cuidado!, puede crecer y fermentar toda la masa de nuestra relación con Él.

Los fariseos habían decidido cómo y quién podía acercarse a Dios y vivían juzgándose y juzgando a los demás. Puede que no juzguemos a otros con el mismo listón con el que medían estos religiosos (personalmente yo nunca he escuchado de una iglesia en la actualidad que revise si todos sus miembros se han circuncidado como en la iglesia de los gálatas), pero sí caemos en juzgar cuál es la manera correcta de acercarse a Dios: nos fijamos en la forma de vestir de otros creyentes, medimos lo genuino de su arrepentimiento por la cantidad de lágrimas derramadas durante el tiempo de alabanza y juzgamos su relación profunda con Dios basándonos en cuántas horas invierten en un ministerio público. ¡Cuidado con la levadura de los fariseos, puede fermentarte!

Cuando la mujer trajo su frasco de alabastro y ungió los pies de Jesús, no se detuvo para pensar si había seguido las reglas correctas ni se comparó con otros, simplemente fue ella misma:

trayendo todo delante de Él. Y lo más sorprendente no fue que a ella misma le diese igual, lo más increíble es que a Jesús le dio igual. Solo le importó que esta mujer viniese con todo lo que era, de la manera que fuese. Ella misma, tal cual.

Los fariseos vivían intentando tener el control pero, no se trata de tener el control, no se trata de ser los ungidos, los importantes, los usados ni los expertos, Jesús no vino para salvar a los expertos, sino a los que sabían que no sabían nada (Marcos 2:17).

Si hablamos sin pelos en la lengua, realmente podríamos decir que los fariseos eran bastante orgullosos, al fin y al cabo, asumir que se sabe todo acerca de Dios es bastante arrogante, pero, más allá, el problema principal de estos religiosos era que espiritualizaban su arrogancia y la arrogancia espiritualizada es religiosidad.

Antes de continuar con el siguiente capítulo, toma un momento para preguntarte: cuando busco a Dios ¿lo hago para impresionarle y para que me use o lo hago porque lo amo y lo quiero conocer más? ¿Le sirvo para que me vean o le sirvo porque lo amo? ¿Juzgo el estado espiritual de aquellos que me rodean según lo que hacen?

Si estás reconociendo levadura en ti, aunque solo sea un poquito, pídele perdón a Dios antes de seguir y prepara tu corazón para volver a enamorarte de Él.

PREGUNTAS DE REFLEXIÓN

1. ¿Consideras algunas maneras de servir a Dios como más valiosas o santas que otras?

2. ¿Crees que hay parte de ti que basa su relación con Dios en lo que haces y demuestras?

3. Si conforme leías este capítulo has reconocido algo de la levadura de los fariseos en ti, pídele perdón a Dios por tu religiosidad y pregúntale que piensa realmente de ti – sin tus esfuerzos o servicios.

CAPÍTULO 3
APRENDIENDO A SER HIJOS

Hay cientos, miles de testimonios de cómo llega la gente a los pies de Cristo. Algunos desesperadamente, como la mujer con el frasco de alabastro, otros avergonzados de su comportamiento, como la mujer samaritana y otros, como Zaqueo, ese hombre bajito que se subió al árbol para ver a Jesús, sencillamente por curiosidad. Sea como sea, cuando venimos a Él por primera vez, lo hacemos sabiendo que lo necesitamos y eso es lo que nos capacita para llegar a Él, porque no vino para los sanos, sino para los que sabían que necesitaban un médico (Lucas 5:32).

El problema está en que, por alguna extraña razón, aunque llegamos sabiendo que lo necesitamos, después de un tiempo, empezamos a intentar ganarnos todo lo demás. Tratamos de ganarnos más unción, más autoridad, más amor, pero la verdad es que la misma gracia que necesitamos ese día que nos acercamos a Él por primera vez, es la que seguimos necesitando para enamorarnos más y más de Él cada día. Tenemos que aprender no solo a llegar a Él por su gracia, sino también a vivir diariamente por ella y, desafortunadamente, la gracia es antinatural para el ser humano.

Hace unos años estaba pasando un verano con mis tíos y primos, y uno de mis primos acababa de adquirir un barco. El barco estaba en un estado bastante deteriorado y mi tía y yo habíamos decidido echarle una mano. Pensamos que mientras él estaba en el trabajo, nosotras seríamos como pequeños duendes que limpiarían y arreglarían su barco para que al regresar, se llevase la sorpresa de verlo listo y pudiese disfrutar del barco. Llevábamos horas trabajando cuando una de las dos dijo algo como: "Qué bien nos hemos portado hoy ¿verdad? Yo creo que hoy sí nos merecemos una gran hamburguesa y un batido de oreo. Sí, hoy nos lo hemos ganado".

Esto puede parecer una conversación bastante trivial, pero me llevó a pensar en lo mucho que nos cuesta vivir por gracia. Sentimos que tenemos que ganarnos todas las cosas buenas en la vida y merecernos cualquier premio; es más, si hubiésemos ido a por nuestra hamburguesa y batido de oreo sin haber hecho nada para merecerlo, lo más probable es que nos hubiésemos sentido culpables. ¿Por qué? Porque hemos nacido en un mundo que no entiende el amor incondicional. Desde el momento en que nacemos, aprendemos que el amor es algo que se te da a cambio de un cierto comportamiento. Por muy perfecta que haya sido tu familia, a la mayoría de los padres les cuesta seguir demostrando amor de una manera visible cuando sus niños se están portando mal. Obviamente esto no significa que los padres dejen de amar a sus hijos, pero lo que interpreta un hijo es: si me porto bien, mi madre me sonríe, me da una recompensa, me habla y se ríe conmigo, pero si me porto mal, mi madre no me da caramelos, me regaña y no está contenta conmigo. Ahora, no estoy insinuando que debamos de dejar de disciplinar a los hijos o que debamos recompensarles cuando se porten mal, simplemente estoy diciendo que desde que tenemos uso de razón, aprendemos que cualquier regalo viene como recompensa merecida por nuestro comportamiento.

¿Qué sucede cuando llegamos a la cruz?

Cuando yo llegué a los pies de Cristo, lo hice sabiendo que no había en mi pasado nada que pudiera impresionarlo. Solo mirando la lista de los diez mandamientos en Éxodo 20 y las palabras de Jesús en Mateo 5 era obvio que no podía cumplir los mandamientos. De hecho, no había ni un solo mandamiento que yo no hubiese quebrantado. Puede que no hubiese robado un banco, pero sí me había quedado con la vuelta cuando mis padres me mandaban a comprar el pan de pequeña, puede que no hubiese matado, pero sí había odiado en mi corazón. Lo que más pesaba dentro de mí cuando me acerqué a Cristo era que estaba totalmente segura de que podía vivir sin Él; mi independencia y autosuficiencia se traducían realmente en orgullo.

Cuando entendí que Él era santo y vi lo sucia que estaba de orgullo y pecado en comparación con Él, ¡llegué corriendo a sus pies! Verdaderamente me di cuenta de que por muy bien que me hubiese intentado portar, yo, al igual que el resto de la humanidad, había caído lejos de la gloria de Dios (Romanos 3:23), estaba desesperada por Jesús y sabía que no podía sola y que era imposible merecerme su amor, gracia y perdón.

El problema es que yo, como todos los demás, no estaba acostumbrada a recibir un regalo sin merecérmelo. Hemos aprendido que para recibir tenemos que portarnos bien y que, si por alguna extraña razón, alguien nos da algo sin haber trabajado para ello, entonces debemos recordarlo para que algún día podamos devolver el favor. El sistema nos ha enseñado que, si yo te trato bien hoy, mañana tú me tienes que tratar bien a mí. Y ¿cómo afecta esto a nuestra relación con Dios? Es sencillo: Él derrama sobre nosotros su gracia y misericordia, nos salva y nos llama "hijos", ¡siendo nosotros horribles! Pero, como nuestra mente no puede concebir que lo haga por el simple hecho de que Él es amor, intentamos agradarle, servirle y devolverle lo que ya ha hecho por nosotros.

Yo llegué a Cristo sabiendo que lo necesitaba y estaba tan agradecida de que me hubiese hecho el enorme favor de salvarme, que decidí demostrarle que había invertido bien su amor y gracia. Él había invertido en mí al perdonarme y yo quería demostrarle mi agradecimiento desgastándome por Él. ¡Qué bien que Dios no funciona así! Él no nos ama por algo que hayamos hecho, nos ama porque Él es amor.

Ese día que estaba paseando y que Dios me recordó que la única razón por la cual lo amaba era porque Él me había amado primero, para mí fue el comienzo de algo nuevo, por primera vez en mi vida, empecé a entender de una manera diminuta, la inmensidad de su amor. Llevaba años tratando de demostrarle que estaba agradecida y que verdaderamente lo amaba, había sido mi meta y deseo hacer que Él estuviese orgulloso de mí y, por fin, empecé a entender que su amor no dependía de mi comportamiento y que la única manera de amarle más era dejando que Él derramase ese amor sobre mí.

Había cantado y leído de su amor incondicional pero no lo había entendido. ¿Sabes que Dios no está sentado en su trono esperando ver si hizo lo correcto al invertir en ti cuando murió en la cruz? Y ¿sabes que aun cuando metes la pata, Él no está desilusionado? ¿Sabes por qué? Porque su amor es incondicional. Lo cantamos y lo leemos y nos lo enseñan, pero se nos olvida que la definición de "incondicional" es "sin condición". Eso significa que no hay nada que puedas hacer para que Él te ame más de lo que te amó ese día en la cruz y no hay nada que puedas hacer para que Él te ame menos.

Es difícil entender el amor incondicional de Dios, al fin y al cabo, ¿por qué nos amaría alguien sin nosotros merecerlo? Hay que entender que cuando aceptamos a Jesús, pasamos a ser hijos de Dios, no por nada que hayamos hecho, sino por lo que Jesús hizo. Ahora, nuestro Padre celestial está orgulloso de nosotros, no por nada que hagamos, sino porque somos suyos. Cuando le servimos con todo nuestro corazón, Él mira y, con una gran sonrisa en su rostro, dice: "ése es mi hijo" y cuando estamos de vacaciones y no estamos haciendo nada aparente para Él, nos mira y con una gran sonrisa en Su rostro dice: "ése es mi hijo", y cuando metemos la pata y no hacemos las cosas como nos gustaría, Él mira y con la misma gran sonrisa en su rostro dice: "ése es mi hijo". Obviamente, esto no significa que podemos pecar y estar orgullosos (esto lo veremos en los siguientes capítulos), sencillamente significa que podemos dejar a un lado nuestros intentos y esfuerzos de agradarle y descansar en el hecho que Él nos ama, simplemente porque sí.

Antes de que Jesús comenzase su ministerio en la tierra, fue al río para ser bautizado por Juan el Bautista y, cuando salió del agua, el Padre habló diciendo, "este es mi hijo amado en quien tengo complacencia". El Padre miró y con su gran sonrisa básicamente dijo: "este es Mi hijo, lo amo con locura y estoy increíblemente orgulloso de Él". Lo curioso es que Jesús todavía no había hecho nada: no había discipulado a nadie, no había sanado a nadie y no había anunciado el reino a nadie. Cuando el Padre derramó su amor y mostró su orgullo sobre Él, Jesús todavía no había hecho nada, simplemente era su Hijo.

En el capítulo anterior vimos como pequeños conceptos de quién es Dios pueden crecer en nosotros como la levadura en la masa y fermentar nuestra relación con Él. Leímos acerca de cómo los fariseos se esforzaban por intentar entenderlo todo para tener el control, pero la verdad es que no es nuestro deber ni nuestra responsabilidad tener el control y, muchas veces, nuestro deseo de estar al mando y de pensar que podemos ganarnos su amor, es orgullo disfrazado. La buena noticia es que Jesús no murió simplemente para salvarnos del infierno, sino que murió para restaurarnos a una relación con el Padre, para que, al igual que Él, pudiésemos disfrutar del orgullo del Padre, sin tener que hacer nada para ganárnoslo. Jesús murió para restaurar esa relación que originalmente tuvieron Adán y Eva con el Padre cuando estaban en el huerto, y para que el Padre pudiese mirarnos todos los días, sin importar lo que hagamos, y decir con esa gran sonrisa en su rostro, "ése es mi hijo".

PREGUNTAS DE REFLEXIÓN

1. ¿Crees que Dios está más contento contigo cuando estás sirviéndole que cuando estás descansando?

2. ¿Cuál es tu motivación principal a la hora de servirle?

3. Toma un tiempo para dejar que Dios derrame sobre ti su amor y descansa en esa gran sonrisa en su rostro hacia ti.

CAPÍTULO 4
HACIENDO NUESTRO HOGAR EN SU AMOR

En Juan 15 (Juan 15:1-9) encontramos una de las últimas charlas que Jesús les da a sus discípulos. Ellos habían pasado más de tres años de su vida con Él y Jesús quería dejarles una última instrucción antes de partir con el Padre; así que comenzó de la misma manera que lo solía hacer: usando una metáfora.

En esta metáfora explica a sus discípulos que Él es la vid (el árbol en sí) y que nosotros somos los pámpanos (las ramas de este árbol), que el Padre es el jardinero y que si queremos que el Padre sea glorificado, nuestras ramas deben producir fruto. No sé tú, pero durante años cuando yo leía este pasaje producía en mí un enorme sentido de responsabilidad y de presión por querer producir dicho fruto. Lo leía y empezaba a pensar en lo que estaba haciendo y en lo que no estaba haciendo, caía en la vieja trampa del diablo de compararme con otros y eso, automáticamente, producía en mí un sentimiento de fracaso y condenación. Según Romanos 8, "no hay condenación para los que están en Cristo Jesús", (hablaremos de ello más adelante), resumiendo: el Espíritu Santo trae convicción, no condenación, y, a diferencia de la condenación que causa culpabilidad y vergüenza, la convicción nos invita y nos da poder para cambiar. Así que, si al leerlo sentía condenación y la condenación no viene de Dios, obviamente no lo estaba leyendo de la manera correcta ni estaba entendiendo lo que Jesús procuraba comunicarle a sus discípulos.

Yo quería dar fruto para glorificar al Padre, pero no sabía cómo hacerlo. Fue durante este tiempo en el que empecé a descubrir que Dios no estaba esperando nada de mí, me di cuenta de que me había enfocado en la palabra equivocada cada vez que leía este pasaje de Juan. Si yo era la rama y Jesús el árbol, era imposible que diese fruto yo sola, por mucho que lo intentase. No importaba cuánto anhelara y deseara dar gloria al Padre, no importaba cuantas horas pasara en oración intentando cambiarme, la única manera de dar fruto era viviendo pegada al árbol. ¡Tiene lógica! La rama de un manzano no tiene que esforzarse en ser parte del manzano, ni siquiera tiene que esforzarse en producir manzanas; en tiempo de cosecha, las ramas producirán fruto porque están arraigadas al árbol que está plantado en tierra fértil. Sinceramente, pequé por obsesionarme tanto con intentar producir fruto que a menudo se me olvidaba que la meta no era el fruto, sino obsesionarme con vivir unida al tronco de la vid.

Hace años escuché una historia de una mujer que había estado casada con un hombre que abusaba de ella. En la luna de miel, este hombre había dado una lista a su esposa de todo lo que ella tenía que hacer diariamente para agradarlo, y todos los días él llegaba del trabajo y revisaba esa lista para ver en qué había fallado su esposa. Aunque ella se esforzaba e intentaba hacer todo bien, desafortunadamente siempre había algo que la mujer no había hecho con la excelencia que él esperaba. Pasó el tiempo y el hombre falleció. Varios años después, la mujer se volvió a casar con un hombre absolutamente increíble que la valoraba y la trataba como ella siempre había soñado. Un día, cuando estaba haciendo limpieza en la casa, de repente, se topó con la lista de tareas que le había encomendado el primer marido. La sacó lentamente y se puso a repasar todo lo que estaba apuntado. No se lo podía creer, ¡todo lo que nunca había podido cumplir con el primer marido, lo hacía todos los días sin pensárselo con el segundo! De hecho, esta mujer hacía mucho más por este marido, que derramaba su amor en ella sin ni siquiera pensarlo, que por el otro al que estaba constantemente intentando agradar.

Una persona que sabe que es amada y que está enamorada no tiene que esforzarse por agradar a la otra, sino que sirve y se da como respuesta al amor que siente. De hecho, una persona enamorada hace verdaderas locuras: contrata mariachis, escribe poemas, recoge flores del campo... En mi caso, cuando mi marido y yo aún éramos novios, me estuve levantando todos los días durante meses y meses a las cinco de la mañana para hablar con él por Skype (vivíamos en países con distintas zonas horarias y era el único momento en el que podíamos hablar). ¿Por qué? Porque los enamorados hacen locuras por aquella persona a la que aman sin intentar esforzarse.

Lo mismo ocurre con nosotros y el Señor. Si vivimos con una lista mental de todo lo que debemos hacer para agradar a Dios, estaremos viviendo como los fariseos o como esa mujer con la lista de tareas y nada será suficiente. Sin embargo, si vivimos habitando en Él y unidos a la vid, viviremos enamorados y todo lo que hagamos fluirá de esta relación de amor. La meta no es dar buen fruto, la meta es vivir unidos al árbol. Cuando probamos su amor (que no nos merecemos y que nunca nos mereceremos), la respuesta natural es querer amarle y amarle cada día más. De hecho, cuanto más conscientes somos de que ni ahora ni nunca nos merecemos su amor, más fácil será vivir esa vida en la que no podemos evitar hacer locuras por aquel que nos amó primero.

No podemos forzarnos a amarle más, no podemos en nuestras propias fuerzas. En definitiva, la única razón por la cual le amamos es porque Él nos amó primero y la única manera de amarle más, es dejando que Él derrame más de este amor sobre nosotros. Así, al igual que esta mujer, viviremos enamorados respondiendo a su amor en vez de vivir respondiendo a una lista de obligaciones.

¿Por qué nos siguen gustando las listas?

Si Dios no exige de nosotros un cierto comportamiento, si no está buscando que cumplamos con diferentes tareas y si nos da la clave para dar fruto animándonos a simplemente vivir enamorados y obsesionados con Él, ¿por qué nos sigue gustando que nos digan qué hacer? ¿Por qué seguimos escuchando mensajes que nos dicen que debemos predicar más, amar más y servir más?

Es fácil: como nos hemos criado en hogares, culturas y naciones que nos enseñaron que para recibir amor hay que actuar de una cierta manera, estamos buscando desesperadamente que nos digan cómo hay que actuar para recibir el amor de Dios. No terminamos de creernos ni de caminar en el mensaje verdadero del evangelio que nos dice que no hay amor más grande que aquel que da su vida por sus amigos y que siendo aún pecadores, Cristo murió por nosotros. No hay nada que puedas hacer para que Dios te ame más y no hay nada que puedas hacer para que Dios te ame menos, te ama simplemente porque te ama.

Yo tenía una lista mental de lo que hacer para agradar a Dios y cuando Él empezó a revelarme su amor incondicional y a traer a la luz mi levadura, tuve que pasar por un proceso de "desaprender" mi manera de relacionarme con Él. Entre todas las cosas que estaban en mi lista de obras, una de ellas era leer la Biblia por las mañanas. Yo acostumbraba a despertarme pronto y leer la Biblia antes de hacer cualquier otra cosa y aunque está bien leer la Biblia para comenzar el día, la razón por la cual lo hacía no era la correcta. No la estaba leyendo para conocer más a esta persona de la cual estaba enamorada, sino que lo estaba haciendo para demostrarle cuánto lo amaba y para que así estuviese orgulloso de mí.

De modo que, para "desaprender" este hábito, comencé a despertarme todas las mañanas como solía hacerlo pero, en vez de leer la Biblia, la abría, la ponía sobre la mesa y me decía a mí misma en voz alta "aunque no la leas hoy, Dios no te va a amar menos, y aunque la leas, Él no te va a amar más". Puede que esto parezca una locura, pero esa lista de tareas que tenía que hacer para impresionar a Dios estaba muy integrada en mi manera de pensar y de actuar y, para deshacerme de ella, tenía que hacer algo que me obligase a recibir su amor.

Durante meses hice este tipo de cosas, me recordaba varias veces al día que Él me amaba porque sí y me obligaba a no hacer nada para intentar impresionarlo. Estaba totalmente desgastada y lo único que me iba a devolver la vida era dejar que Él derramase su amor sobre mí sencillamente porque sí.

En una ocasión me acuerdo que estaba sentada en la entrada de mi casa cuando una de mis compañeras llegó y me vio sentada mirando hacia el cielo: "¿Qué haces?", me preguntó un poco confundida, "Nada", le contesté, "noté un sentimiento de condenación en mí y sentí que necesitaba hacer algo para impresionar a Dios, así que he venido aquí y me voy a sentar y no hacer nada hasta recordar que Él me ama simplemente porque sí". Ella me sonrió y me dijo, "Eso es genial, me parece estupendo... ¡pásalo bien!", y se fue.

Deshacerme de la lista fue un proceso de casi un año y aunque al principio me costó creer que Dios verdaderamente me amaba sin que yo hiciese nada a cambio, poco a poco la verdad de su amor empezó a penetrar en mí. Ahora he sido cautivada por su amor y doy fe de que merece la pena vivir enamorada y de que una enamorada hace mucho más por aquel a quien ama. Ahora no leo la Biblia para demostrarle la calidad de mi sacrificio, ni para impresionarlo, sino que la leo porque quiero conocerlo más, verlo en la Palabra y poder llevar a otros a conocerlo a través de la Palabra. Ya no le sirvo para que me ame, sino que le sirvo porque lo amo.

¿Qué pasa con las obras?

Hay gente que tiene miedo de hablar de la gracia y del amor incondicional de Dios porque temen transmitir el mensaje de que podemos pecar cuando queramos ya que, "en definitiva, Dios nos ama incondicionalmente y nos va a perdonar". Sin embargo, tanto el vivir por obras intentando agradar a Dios como el pecar de manera intencional contando con que Dios te va a disculpar, son ideas totalmente erróneas que no reflejan el verdadero mensaje del evangelio.

Volvamos al ejemplo de la mujer del esposo cruel y del esposo amoroso. Con el primer marido cruel, aunque intentó agradarle, nada era suficiente, pero con el marido que la amaba, su respuesta natural era servir y amar. ¿Por qué? Porque estaba enamorada. Si estás enamorado de alguien lo último que quieres es hacer daño a esa persona y la respuesta natural de vivir enamorado es querer servirlo y honrarle.

El día de mi boda, cuando mi marido leyó sus votos matrimoniales, una de las cosas que me dijo fue que prometía amarme y perdonarme pasase lo que pasase, hasta que la muerte nos separara. Ese día yo no salí de mi boda pensando "¡Qué bueno! Ahora ya puedo besar a otro sin preocuparme porque, al fin y al cabo, mi marido me perdonará y siempre tendré un techo sobre mi cabeza". ¡No! Aunque me halaga y me encanta que él prometa perdonarme cada vez que meta la pata ¡yo no tengo pensado hacerlo! ¿Por qué? Porque lo último que quiero en la vida es hacerle daño, quiero amarlo y proteger tanto su corazón como nuestra relación.

De la misma manera, cuando entiendes que Jesús te amó tanto que decidió dejar su trono, ser torturado, asesinado, rechazado por el Padre, y descender al infierno durante tres días sólo por ti, la respuesta natural es querer entregarle toda tu vida y amarlo. No estás pensando en cómo puedes aprovecharte de su bondad para pecar, sino que estás anhelando derramar tu amor sobre Él y vivir una vida que lo glorifique.

Esta misma idea nos transmite Pablo en la carta que le escribió a la iglesia en Roma. La iglesia en Roma se componía de judíos que conocían las Escrituras y que habían pagado un precio siguiendo las obras mencionadas en la ley, y también de gentiles recién llegados a los pies de Cristo, que no conocían las Escrituras ni habían seguido la ley. Los judíos estaban discutiendo sobre si los gentiles debían circuncidarse y acerca de los beneficios que ellos tenían por ser judíos y por haber conocido las Escrituras durante toda la vida. Pablo les explica en Romanos 4 el porqué de la circuncisión (básicamente el porqué de las obras). Parafraseando, les dice: "Abraham tuvo fe y eso fue lo que Dios contó y, después de ser contado como justo, fue que se circuncidó" (Romanos 4:3-10). ¿Qué significa esto? Que primero creemos (nos encontramos con su amor) y luego hacemos obras en respuesta a la fe y al amor.

Lo mismo recalca Santiago cuando dice: "Tú crees que existe un solo Dios. ¡Muy bien! Pero hasta los demonios creen en él y tiemblan de miedo. No seas tonto. Debes aceptar que de nada te sirve decir que eres fiel a Dios y confiar en Él, si no haces lo bueno" (Santiago 2:19-20; TLA). No les estaba diciendo que debían hacer lo bueno para ser salvos, les estaba diciendo que las obras que hacían ponían de manifiesto su encuentro con Dios. Si alguien dice que ha conocido a Cristo pero que, como está bajo la gracia, puede pecar todo lo que quiera, no servir nunca a Cristo y no sacrificarse por el reino, según Santiago, su fe está muerta.

Un verdadero encuentro con el amor incondicional de Cristo te lleva a amarlo más y más cada día y a querer vivir una vida que le traiga gloria, no para que Él te ame más, ni para demostrar nada, sino porque Él ya te amó primero.

PREGUNTAS DE REFLEXIÓN

1. ¿Alguna vez has servido a Dios pensando que así te amaría más?

2. ¿Tiendes querer seguir una lista de órdenes y metas para agradar a Dios?

3. ¿Qué crees que puedes hacer de manera diaria para dejar que Él derrame su amor incondicional sobre ti?

4. Piensa en tus comienzos con el Señor. ¿Qué fue lo primero que hiciste para servir a Dios después de recibir su amor incondicional? ¿Por qué crees que reaccionaste así ante su amor?

CAPÍTULO 5
APRENDIENDO A PERMANECER Y A MORAR

Recuerdo que cuando empecé a caminar con el Señor, el hambre que tenía de Él me llevaba a asistir a todas las conferencias y reuniones habidas y por haber. Escuchaba ansiosamente a todos los oradores y, conforme compartían acerca de su vida de intimidad con Dios, a menudo pensaba: "¿cómo se puede conocer a Dios así?" Luego llegó el día en el que comencé a ver que no se trataba de intentar agradarlo, sino de "ser una buena rama", permaneciendo unida al árbol (Juan 15).

Esto puede sonar sencillo, pero seamos realistas: vivimos en un tiempo increíblemente ruidoso en el que nuestros teléfonos móviles suenan constantemente, avisándonos de que alguien depende de nosotros ya sea para tener una conversación o bien para darles un "me gusta" en sus redes sociales. Pienso en la generación de mis abuelos en la que no existían estos teléfonos, ni las redes sociales y no puedo evitar preguntarme si no sería más fácil aprender a estar con Él y escuchar su voz en un tiempo como ese. A menudo entro en YouTube para poner música de alabanza y así conectar con Dios y, sin darme cuenta, acabo metida en Facebook e increíblemente interesada en algo como los videos de las vacaciones de mis antiguos vecinos, ¿te ha pasado? Es tal el ruido y ajetreo en el que vivimos que la mayoría de nosotros hemos resumido nuestra relación con Dios a tan solo saludarlo en algún momento del día y despedirnos hasta el día siguiente, pero ¿cómo habitamos? ¿Cómo desarrollamos una amistad con Él de tal manera que podamos permanecer conscientemente en Él a lo largo del día?

El aprender a permanecer en su amor debe nacer de una decisión de querer conocerlo de una manera aún más íntima; por tanto, debemos apartar tiempo para estar con Él. Es en estos momentos en los que "simplemente estamos con Él" que aprendemos a reconocer en la quietud su presencia y el sonido de su voz. Cuando sea así, podremos empezar a experimentarle y a conectar con Él en medio de nuestro ajetreo.

La persona del Espíritu Santo

Hace un par de años estaba discipulando a una chica que comenzó a desahogarse en cuanto a lo difícil que le parecía tener una relación con Jesús: "Seguro que era fácil seguir a Cristo cuando Él caminó sobre la tierra", me dijo. "Podían verlo, hablar con Él y escucharlo audiblemente... ¡ahora es difícil!". En medio de su dilema, yo quise darle una solución fácil así que rápidamente le contesté: "No, Jesús les dijo a sus discípulos 'Os conviene que yo me vaya, porque si no me voy, el Consolador no vendrá a vosotros; pero si me voy, os lo enviaré'; por lo que sabemos que era igual de fácil seguir a Jesús después de que Él muriese, de hecho, nos convenía que se fuese".

Me fui a casa después de esta conversación, pero la verdad es que tanto su pregunta como mi respuesta resonaban en mi cabeza. Podía entender el dilema de esta chica y, aunque había sido rápida en contestar, me fui a casa preguntándome si realmente creía que este versículo era cierto. ¿Sería verdad que a los discípulos les convenía que Jesús se fuese o lo habría dicho como el que dice una mentira piadosa para que no se sintiesen tan mal por su partida? Si este versículo era cierto, y tenía que serlo ya que Jesús no miente, entonces ¿qué me estaba perdiendo del Consolador que Él envió?

Imaginémonos la vida de los doce discípulos e imaginémonos viviendo lo mismo que ellos: dejaron todo para seguir a Jesús y durante más de tres años de su vida convivieron con Él de manera diaria y real. Hay historias en los evangelios en los que encontramos a los discípulos comenzando conversaciones con Jesús de cosas relativamente triviales (lo cual me demuestra que solían hablar de todo tipo de cosas con Él), hay historias en las que Jesús les corrige, tenían la confianza para acercarse a Él y hacerle todo tipo de preguntas sobre cosas que no entendían, incluso les dio poder y autoridad para realizar milagros y para traer el reino de Dios. Personalmente me encanta que Jesús sanara a la suegra de Pedro (Lucas 4), porque demuestra que conocía a los familiares de sus discípulos y que estaba acostumbrado a ir a sus casas para almorzar.

Durante los años de convivencia con Cristo, los discípulos tenían acceso a su persona, a sus enseñanzas, a su corrección, a su poder, a su amor y a su autoridad. Ahora, imagínate el día en que Jesús informa a sus discípulos (que han dejado todo por seguirlo) de que se va a ir, ¡deben de haberse sentido increíblemente traicionados y defraudados! Vamos a ver la advertencia de Jesús y la respuesta de sus discípulos en Juan 16: "Pero ahora voy al que me envió, y ninguno de vosotros me pregunta: '¿A dónde vas?' Antes, porque os he dicho estas cosas, tristeza ha llenado vuestro corazón. Pero yo os digo la verdad: Os conviene que yo me vaya, porque si no me voy, el Consolador no vendrá a vosotros; pero si me voy, os lo enviaré" (Jn.16:5-7).

Los discípulos estaban tan tristes que ni siquiera le preguntaron adónde se iba, ni prestaron atención ante el hecho de que Jesús les estaba diciendo que les convenía que se fuese. ¿Te imaginas tener acceso directo a la persona de Cristo durante tres años? ¿Tener acceso a su persona, sus enseñanzas, su corrección, su poder, su amor y su autoridad y que luego te diga que te conviene que se vaya para enviar al Espíritu Santo? Si durante más de tres años los discípulos tuvieron vía directa a todo lo que representaba Jesús y el que les conviniese que se fuera no era una mentira piadosa, entonces podemos concluir que el Espíritu Santo vino para que tuviesen este mismo acceso a sus enseñanzas, corrección, poder, amor y autoridad, y deducir que esto mismo también está disponible para nosotros hoy.

¿Sabes por qué les convenía a los discípulos que Jesús se fuese y enviase a su Espíritu Santo? Porque durante los tres años que anduvo en la tierra con ellos, solo tuvieron acceso a Él cuando estaban físicamente con Él. Si Jesús se iba al monte a orar, tenían que esperar a que volviese para poder recibir de Él. Sin embargo, al enviar al Espíritu Santo ya no tenían que esperar a estar con

Él para recibir, sino que ahora tenían la misma presencia de Dios habitando en ellos y hoy, dos mil años más tarde, al igual que los primeros discípulos, también podemos decir que nos convenía que Jesús se fuera para tener al Consolador.

Tú y yo podemos experimentar de su persona, sus enseñanzas, su corrección, su poder, su amor y su autoridad de manera íntima y diaria. En Efesios 5:18, el apóstol Pablo le dio una orden a la iglesia en Éfeso cuando les dijo: "...sed llenos del Espíritu". Por alguna extraña razón, solemos pensar que solo nos podemos llenar del Espíritu Santo cuando estamos en un tiempo de alabanza congregacional, en un congreso o cuando respondemos ante un llamado y alguien nos impone las manos. Sin embargo, Pablo dio una orden como si fuese algo que pudiésemos hacer cada día en nuestras propias casas. Al igual que los discípulos de Jesús, tú y yo todavía podemos tener la presencia de Dios habitando en nosotros y, dos mil años después de que Jesús dijese "os conviene que me vaya para enviaros al Consolador", seguimos teniendo acceso a la presencia de Dios y seguimos teniendo que responder a esta orden que el apóstol Pablo dio a la iglesia primitiva, "sed llenos del Espíritu Santo".

Pensemos un poco en la sucesión de acontecimientos: Jesús mantiene esta amistad con sus discípulos, luego es crucificado, pero al tercer día resucita. Después de resucitar, Jesús se sienta a la diestra del Padre y, según Romanos 8:34, ahora está intercediendo por nosotros. No obstante, cuando resucitó envió al Espíritu Santo para que fuese nuestro Consolador, para darnos la posibilidad de experimentar su presencia y, entre otras cosas, para llenarnos de dones y regalos. Si el Padre está sentado en el trono y Jesús está a su diestra, entonces la persona de la Trinidad que está aquí en la tierra es el Espíritu Santo. Aprender a estar con Dios y a escuchar su voz está directamente ligado con desarrollar una amistad con la persona del Espíritu Santo. ¿Lo conoces de esta manera? ¿Puedes decir con certeza que recibes de su corrección, poder, amor y autoridad a diario?

Llevamos unos capítulos hablando de la importancia de permanecer y habitar en su amor y ¿cómo lo hacemos?, aprendiendo a permanecer conectados al Espíritu para poder beber de este amor de manera habitual y escuchar su voz.

El silencio incómodo

En todos los países a los que he viajado he descubierto que existe el mismo fenómeno: el silencio incómodo. Da igual a qué tribu o nación vaya, he visto que el ser humano tiene el mismo problema cuando comienza una relación, creo que entenderás a lo que me refiero: cuando se conoce a alguien por primera vez, primero uno se presenta con su nombre, luego suele dar algún detalle sobre quién es y quién es la otra persona, algo como su lugar de procedencia y a lo que se dedica. A esto suele seguirle "el silencio incómodo".

¿Te ha pasado alguna vez? Empiezas a pensar en cómo dirigir la conversación, en qué preguntar o, en el peor de los casos, en cómo inventarte una excusa para huir. ¡A veces esos pequeños segundos de silencio pueden parecer minutos! Pero ¿qué sucede cuanto más conoces a alguien? Pues, por una parte, tienes más cosas de las que hablar con esa persona y, por otra, los momentos de silencio incómodo dejan de serlo para pasar a ser tan solo momentos de silencio. Cuando pasas tiempo con tu pareja o con tu mejor amigo ya no estás incómodo ante el silencio, incluso puede que lo disfrutes porque la meta ya no es hablar de algo para rellenar espacios, sino que la meta es estar juntos.

Comenzar una relación con Dios (y por lo tanto, con el Espíritu Santo) es bastante parecido a comenzar una relación con cualquier otra persona. Al principio puede que no sepamos de qué hablar e intentemos rellenar los momentos de silencio incómodo, puede que abramos la Biblia queriendo escuchar su voz y, si no le oímos de manera rápida, nos sentimos incómodos ante el silencio y comenzamos a pensar en la lista de personas por las cuales debemos orar; no necesariamente porque sintamos orar por ellos, sino porque queremos rellenar ese momento de silencio incómodo. Pero cuando nos proponemos conocerlo más, sucede lo mismo que con las amistades que nos rodean, los momentos de silencio incómodo pasan a ser momentos de intimidad.

Hace unos años conocí a un hombre llamado Ahab. Era un evangelista grandullón, con una risa profunda, que, al caminar por la calle, paraba a cada pocos pasos para hablar con alguien de Cristo. En varias ocasiones le escuché compartir desde su corazón y casi siempre hablaba de lo mismo: de desarrollar una amistad con el Espíritu Santo. En una ocasión hicimos un viaje misionero juntos en el cual ministramos en una iglesia de un pueblo pequeño. Esa noche varias personas fueron sanadas de problemas físicos y, en mi opinión, fue una buena reunión pero, a la mañana siguiente, Ahab habló conmigo y con el resto del equipo: "Tengo que pediros perdón", dijo. "El Señor me había dicho lo que quería hacer en la reunión de anoche y no ocurrió lo que me dijo que ocurriría, así que por la noche le pregunté por qué no habían salido las cosas como yo sentía y me dijo: "Ahab, no me preguntaste cómo dirigir la reunión'". Cuando Ahab dijo esto, sus ojos se llenaron de lágrimas, "Lo siento chicos", dijo enjugándoselas. "He hecho daño a mi mejor amigo, al Espíritu Santo, al no preguntarle cómo quería que dirigiese la reunión y al no seguir el susurro de su voz".

En cuanto Ahab dijo esto, algo en mí se agitó porque sabía que yo no conocía al Espíritu Santo de esa manera, no sabía escuchar el susurro de su voz y, siendo sincera conmigo misma, no podía decir que el Espíritu Santo era mi mejor amigo. Aunque la intención de Ahab era pedir perdón al grupo de manera genuina, algo sucedió en mí ese día: se despertó un hambre por conocer al Espíritu Santo, no solo como persona, sino como amigo, y fue el comienzo de un viaje para destruir el silencio incómodo y crecer en mi capacidad de ser consciente de su dulce y gloriosa presencia. ¿Te animas a emprender este viaje para conocerlo como amigo?

PREGUNTAS DE REFLEXIÓN

1. ¿Consideras que tienes una relación con el Espíritu Santo?

2. ¿Cuando pasas tiempo con Dios, ¿experimentas el silencio incómodo o disfrutas de tan solo estar con Él?

3. ¿Cómo crees que puedes practicar estar con Él para que el silencio incómodo pase a ser un tiempo con tu mejor amigo?

CAPÍTULO 6
DESARROLLANDO UNA AMISTAD
CON EL ESPÍRITU SANTO

Cuando comencé este viaje de conocer al Espíritu Santo como amigo, hice lo que tú harías con cualquier persona a la que quieres conocer mejor: quedar con Él. Si hubieses abierto el calendario en mi teléfono durante este tiempo habrías visto algo como: "reunión con el pastor miércoles de 10am a 11am", "cine con las compañeras de casa, jueves a las 8pm", "tiempo con el Espíritu Santo, lunes, miércoles y viernes de 9am a 9:30am"... La única manera de conocer más a Dios (y, por lo tanto, al Espíritu Santo, la persona de la Trinidad que está aquí en la tierra) es pasando tiempo con Él.

Al principio experimenté lo que hemos definido como "el silencio incómodo", pero estaba bien, sabía que esto iba a suceder y que la única manera de desarrollar una amistad iba a ser persistiendo más allá del silencio incómodo hasta que este dejase de serlo convirtiéndose simplemente en silencio.

Empecé sentándome delante de Él: "Aquí estoy", le decía con las manos puestas delante de mí para recibir. Luego esperaba.

Había leído el versículo en Efesios 5:18 cuando Pablo le ordena a la iglesia de Éfeso que sean llenos del Espíritu Santo y pensé que este sería un buen momento para ser obediente a esta orden. Sin embargo, estaba acostumbrada a experimentar su presencia solamente en lugares congregacionales y en grandes congresos y no sabía cómo llenarme de Él... ¿A qué se refería Pablo cuando dijo que nos llenásemos del Espíritu Santo y cómo se podía hacer? Decidí que la única manera de comprobarlo era experimentándolo, así que, dando un paso de fe, en mi cuarto con las manos extendidas le dije "aquí estoy, lléname". Respiré profundamente como acto simbólico de que Él estaba allí y esperé. Después de unos minutos de silencio, hice una oración que aprendí de pequeña y que ha marcado mi caminar con el Señor: "Gracias, pero quiero más". "Gracias Espíritu Santo por tu presencia", le dije mientras respiraba hondo para llenarme, "Dame más, yo quiero más de ti".

Al principio solo sentí una paz increíble, pero conforme hacía esto más y más, empecé a desarrollar una verdadera amistad con Él. Al igual que no siempre vas al cine con tu mejor amigo o amiga, sino que a veces vas a caminar, otras veces vas a su casa, etc., cuando pasas tiempo con el Espíritu Santo también es diferente cada vez. A veces lloro, otras veces río (de hecho, a veces me río muchísimo), a veces siento su presencia de manera palpable en el rostro o en las manos y otras veces simplemente siento su paz.

Cuando experimentamos la presencia de Dios y nos llenamos de Él, cada vez es diferente porque Él no es una máquina o una estructura, es alguien íntimo y personal.

¿Qué pasó en el principio?

En el capítulo anterior nos metimos en la piel de los discípulos al imaginarnos lo que debieron sentir cuando Jesús les dijo que se iba; tuvo que ser un sentimiento horrible. Sin embargo, Jesús no les iba a abandonar, sino que iba a resucitar y a enviarles al Espíritu Santo. Si continuamos leyendo la historia, nos encontramos a los discípulos emocionados en el libro de los Hechos porque el Mesías, su amigo y maestro, efectivamente había resucitado.

La promesa de su resurrección no era una mentira piadosa para hacerles sentir mejor, sino que verdaderamente Él era quién había dicho que era. Les había dicho que resucitaría y lo hizo; ahora había que aguardar a las siguientes instrucciones: esperar al Espíritu Santo para llevar a cabo la Gran Comisión (Lucas 24:46-48). Y es lo que hicieron. En Hechos 2, encontramos a todos los discípulos en el aposento alto esperando la llegada prometida del Espíritu Santo.

¡Cómo me gustaría que la Biblia nos contase todos los detalles de lo que experimentaron los discípulos entre la resurrección y el Pentecostés!. Me imagino que deben haber pensado algo como: "sí, los últimos tres años de nuestra vida han sido increíbles y emocionantes, pero Jesús, nuestro amigo y maestro, dijo que nos convenía que se fuese y que se acabasen estos tres años para enviarnos al Espíritu Santo. Entonces ¡el Espíritu Santo debe de ser alguien increíble! Además, ¡no podemos llevar a cabo la Gran Comisión sin Él!".

Me los imagino corriendo a Jerusalén para esperarlo haciendo turnos y así no perderse su llegada. Quizás algunos esperaban durante la noche y otros por la mañana mientras aquellos dormían. ¿Te imaginas el sentimiento que deben de haber tenido conforme pasaban los días? Pasó el primer día y no llegó, el segundo día, tampoco... Seguro que algunos pensaban que llegaría al tercer día, ¡todo sucede en el tercer día!, pero tampoco... Pasó toda una semana y al décimo día después de su ascensión (justo cuando Él lo tenía planeado), el Espíritu Santo vino con un estruendo que retumbó en todo el salón y se posó sobre cada uno de una forma que jamás podrían olvidar (Hechos 2:2-4).

Por alguna extraña razón, la mayoría de la gente piensa que la respuesta habitual al sentir la presencia de Dios y al llenarse del Espíritu Santo es la de llorar. Sin embargo, cuando vemos la vida de los primeros discípulos, no respondieron con lágrimas, sino que, en Hechos 2:13, vemos que los que estaban alrededor de los discípulos cuando fueron llenos del Espíritu Santo los acusaron de estar borrachos.

No sé tú, pero cuando yo pienso en el comportamiento de un borracho es muy diferente al comportamiento que suelo ver en la mayoría de la gente que hoy en día experimenta la presencia de Dios en una reunión de iglesia. Los borrachos suelen ser ruidosos, se ríen y hacen el ridículo sin ningún sentido de la vergüenza ni temor al "qué dirán". Esto mismo les sucedió a los discípulos, estaban siendo llenos del Espíritu Santo cuando los de alrededor empezaron a criticarles.

Algo que me encanta es que, en medio de esta locura del derramamiento del Espíritu Santo en Pentecostés, Pedro se levantó con total dominio propio (lo cual tiene sentido ya que el dominio propio es un fruto del mismo Espíritu Santo) para explicar que lo que les estaba sucediendo no era por una borrachera de alcohol, sino que era lo que el profeta Joel había profetizado años y años antes (puedes leerlo en Hechos 2).

Cuando comencé a desarrollar una amistad con el Espíritu Santo y me propuse ser obediente a la orden de "ser llenos del Espíritu Santo", empecé a experimentar esto mismo: al principio solo sentía una gran paz, pero conforme esperé, algo (no sé qué) me hizo gracia y comencé a reírme. Luego me reía del hecho de que me estaba riendo y, de repente, desaparecieron los temores al qué dirían de mí, el miedo a hacer el ridículo y el temor al rechazo. Al igual que los borrachos no piensan en "qué estará pensando la gente de mí", yo empecé a ser libre de mi temor a hacer el ridículo.

No quiero contar esta historia como si fuese una "profesional" en el área del Espíritu Santo, sino que, al igual que el apóstol Pablo, puedo decir que, "No es que ya lo haya alcanzado o que ya haya llegado a ser perfecto, sino que sigo adelante...". He descubierto que se puede mantener una amistad con el Espíritu Santo, se puede vivir habitando y permaneciendo en el amor del Padre, permitiendo que todo lo que produzca en nuestras vidas no sea por nuestros esfuerzos, sino por su fruto en nosotros, siendo libres del temor al llenarnos de Él.

¿Soy totalmente libre del temor al ridículo? ¡Para nada! Pero sé que cuando empiezo a sentir temor es una invitación a pasar tiempo con Él y a llenarme de su Espíritu. Sé que cuando estoy rebosando de su presencia yo soy la mejor versión que hay de mí misma.

Hace unos años, recuerdo que iba de camino a una reunión en la iglesia. Mi plan era aprovechar para hablar con una amiga con la que había tenido un malentendido horas antes. Estaba ofendida y enfadada y pensé que, ya que las dos estaríamos en la misma reunión, podríamos resolver el problema, pero... ni me podía imaginar lo que sucedería allí. El Espíritu Santo llenó el lugar de una manera tan impresionante que acabé pasando una hora larga tirada en el suelo. Cuando terminó la reunión y me metí en el coche, mi primera reacción fue tomar el teléfono y llamar emocionada a mi amiga. Quería contarle cómo el Espíritu Santo me había tocado esa noche y quería saber qué había hecho Dios en su vida. No fue hasta la mañana siguiente que me di cuenta de que no solo me había olvidado del hecho de que quería hablar algo serio con ella, sino que, literalmente ¡no me acordaba de mi ofensa! Esto me abrió los ojos y me hizo darme cuenta de que tantas veces mis ofensas y malentendidos están arraigados en mi necesidad de llevar la razón o en mis inseguridades. Sin embargo, cuando me lleno del Espíritu Santo, Él transforma todo y lo pone en perspectiva. Dejo de querer tener la razón y empiezo a anhelarle sencillamente a Él.

¡Llenarnos del Espíritu Santo es un atajo para resolver tantos problemas! Piénsalo, ¿alguna vez le has pedido a Dios que te dé amor por alguien? ¿Alguna vez le has pedido que te dé paciencia? ¡Eso está genial! pero hay un atajo. Gálatas 5 nos da una lista del fruto del Espíritu Santo que es que tu vida abunde en amor, en paz, en paciencia, en bondad, en fidelidad, en mansedumbre y en dominio propio. Está genial querer cambiar y ver áreas de crecimiento en nuestra vida, pero, cuando nos llenamos de Él, empezamos a ver con su perspectiva. No solo vemos nuestro propio egoísmo, sino que empezamos a ver a los demás con el amor y la misericordia con la que Él los ve.

Unos años después de esta experiencia con mi amiga, estaba en una reunión de trabajo cuando otra persona del equipo dijo algo acerca de mí que me hizo sentir humillada ante los demás. Durante la hora que restaba de reunión, todo en mí quería huir y hablar con este chico para preguntarle "¿Por qué hiciste eso? ¿No ves que me dejaste en ridículo?". Sin embargo, yo sabía que lo que necesitaba era llenarme del Espíritu Santo y eso fue lo que hice. En cuanto acabó la reunión, fui a casa y me senté con Él. Ahora, aunque no hay nada malo en desahogarse con Dios y decirle cómo te sientes (al fin y al cabo, la inmensa mayoría de los Salmos de David son exactamente eso), en esta ocasión yo sabía que había una invitación mayor, una invitación a llenarme de su presencia de tal manera que Él graduase mi vista para que el enfoque no estuviese en mi temor al ridículo, ni en mi sentimiento de rechazo, sino en lo increíbles que son Su presencia y su amor. Esperé en mi habitación con mis manos delante de mí, oré un rato, alabé y persistí hasta que, de repente, sentí su paz, respiré hondo de Él (como paso de fe y acto profético) y empecé a sentir su gozo. ¡Ya no me importaba que me hubiese sentido humillada! Mi enojo con esta persona pasó a ser totalmente secundario.

Jesús nos ordena en Juan 15 que habitemos en Él, que permanezcamos unidos a la vid y que hagamos nuestra morada en su amor porque, al hacerlo, los frutos producidos en nuestra vida no vienen por nuestros esfuerzos ni por nuestras obras, sino que fluyen del Espíritu que habita en nosotros. Él nos está invitando a conocerle más, está anhelando que pasemos tiempo con Él y que destruyamos ese "silencio incómodo" para poder conocerle como Amigo, para poder reconocer su presencia y voz, y rebosar de su fruto de amor, paz, paciencia, bondad... ¿Necesitas más amor? Llénate del Espíritu Santo ¿Te falta paz? Llénate del Espíritu Santo ¿Necesitas dominio propio? Llénate del Espíritu Santo. Él tiene muchísimo más para darnos y está buscando amigos que decidan permanecer y habitar en Él.

PREGUNTAS DE REFLEXIÓN

1. ¿Por qué crees que Jesús nos ordena a habitar en Él en vez de tan solo sugerirlo?

2. Pensando en los frutos del Espíritu mencionados en Gálatas, ¿cómo visualizas tu vida diaria llena de estos frutos?

3. ¿Hay alguien con quien tengas un conflicto o con quien estés dolido? Pon a un lado esa situación y toma un tiempo para invitar al Espíritu Santo a que te llene de su presencia y derrame de su amor sobre ti, luego pregúntale cómo ve Él esa misma situación.

CAPÍTULO 7
EL LENGUAJE DE AMOR DE DIOS

Hemos visto que Jesús nos invita a vivir una vida fructífera al permanecer y habitar en su amor. La versión de la traducción en lenguaje actual (TLA) traduce, "Permanecer en mi amor" como, "Nunca dejen de amarme" (Juan 15:9)... ¡Vaya!

Permanecer en su amor es tan sencillo como nunca dejar de amarle. Ahora, es fácil cantar canciones de devoción los domingos y prometerle nuestro amor en la intimidad, pero a efectos prácticos ¿cómo podemos no dejar de amarle nunca? Además de desarrollar una amistad con el Espíritu Santo, ¿cómo podemos asegurarnos de seguir permaneciendo en su amor? Aunque en el capítulo 10 hablaremos más acerca de cómo mantener nuestra llama encendida y de cómo vivir hambrientos por Él, dedicaremos este capítulo a ver cómo podemos decidir amarlo y permanecer en su amor.

Si seguimos leyendo este mismo pasaje que hemos estado viendo en Juan 15, veremos que Jesús nos da una clave para saber cómo amarle y permanecer en su amor. Juan 15:10 nos dice: "Si guardáis mis mandamientos, permaneceréis en mi amor; así como yo he guardado los mandamientos de mi Padre y permanezco en su amor". La clave para permanecer en su amor es guardar sus mandamientos. No sé qué es lo que te viene a la mente cuando piensas en "guardar sus mandamientos", pero, por lo general, uno suele pensar o bien en vivir un estilo de vida en el que constantemente intentamos mejorar y perfeccionarnos (lo cual ya hemos visto que es la levadura de los fariseos que trae condenación), o bien en mandamientos muy generales como el de dejar a un lado las adicciones y vivir en pureza sexual.

Aunque es cierto que cuando llegamos a Cristo las primeras cosas que suelen sucedernos es dejar nuestras adicciones y relaciones, el "guardar sus mandamientos" para derramar sobre Él nuestro amor, va más allá de obras y de reglas. Derramar nuestro amor consiste en algo apasionado, verdadero y genuino.

En 1992 Gary Chapman escribió un libro que vendió más de diez millones de copias titulado "Los 5 lenguajes del amor". En él habla de cómo las personas reciben y expresan amor de manera diferente: algunos dan amor con regalos, otros con palabras de afirmación, otros con actos de servicio, etc. Cuenta que, por lo general, una persona expresa amor de la misma manera en que lo recibe y que aprender el "lenguaje del amor" de las personas que nos rodean es fundamental para poder amarlas de manera que lo puedan recibir y para que nosotros lo reconozcamos cuando nos lo estén expresando. Por ejemplo: una esposa puede comprarle un regalo a su esposo todas las semanas para demostrarle su amor, pero él no reconoce que ella está intentando amarlo porque lo que a él realmente le haría sentirse amado es si ella hace algo como ayudarle a limpiar el cuarto o llevarse a los niños para que él pueda descansar. Obviamente este libro (aunque está escrito por un autor creyente y tiene una psicología muy sabia) no es la palabra de Dios. Aun así, explica de una manera práctica algo muy obvio: existen diferentes maneras de expresar y recibir amor.

Habían pasado unos años después que leyera este libro cuando empecé a preguntarme si Dios tendría un "lenguaje del amor" y si habría algo específico que le haría sentirse más amado. Yo personalmente recibo amor a través de actos de servicio y contacto físico (abrazos, palmaditas en la espalda, etc.), pero Dios no es una persona física, Él nos ama de mil maneras diferentes: nos permite experimentar su presencia, derrama sobre nosotros bendiciones, provee para todas nuestras necesidades, nos muestra su amor a través de la Palabra y, por supuesto, nos reveló el amor más grande a través del sacrificio de su Hijo. Aunque nos demuestra su amor de muchísimas maneras, tiene una forma particular de recibir nuestro amor hacia Él. No quiero insinuar que Dios no reciba nuestro amor cuando lo alabamos y cuando le servimos porque está claro que sí recibe nuestros sacrificios de alabanza y que le encantan, pero, según Juan 15, uno de sus lenguajes de amor se menciona en el versículo 10 cuando dice: "Si guardáis mis mandamientos, permaneceréis en mi amor (nunca dejaréis de amarme)". Aunque hay múltiples formas de derramar nuestro amor, Él lo ve y lo reconoce a través de nuestra obediencia.

Quizá te estés preguntando cómo vivir una vida de obediencia sin caer en religiosidad y obras. Vamos a ver dos facetas de lo que es hacer su voluntad. La primera está en cómo respondemos a su palabra y la segunda en cómo respondemos al susurro de su voz (faceta que trataremos en un capítulo aparte).

Respondiendo a su Palabra

Responder en obediencia a su palabra puede parecer bastante obvio si asumimos que obedecer la palabra de Dios es seguir esas instrucciones básicas que recibimos al llegar a Cristo, como el dejar las adicciones y vivir en pureza sexual, pero el responder a la palabra de Dios para amarle va mucho más allá. Hace unos años estaba compartiendo en un congreso junto con mi amigo Itiel Arroyo cuando él leyó este pasaje en Isaías 66:2 en el cual Dios nos dice "...a éste miraré: al que es humilde y contrito de espíritu, y que tiembla ante mi palabra". Cuando escuché este versículo, el Espíritu Santo trajo convicción a mi vida. No sé tú, pero yo he sido culpable en más de una ocasión de leer por encima la Palabra de Dios sin prestar mucha atención, o de leer la Palabra por sentir que había "cumplido" con lo que tenía que hacer ese día; sin embargo, este versículo nos dice cuál debería ser nuestra reacción ante las palabras de Jesús.

¿Qué significa esto de "temblar" ante la Palabra de Dios? Temblar ante su Palabra significa anhelar con todo nuestro ser que su Palabra moldee nuestras vidas y nuestras decisiones, no porque esto vaya a hacer que Él nos ame más, sino porque le amamos tanto que queremos derramar sobre Él nuestro amor. El pastor Enrique Bremer me dijo una vez: "La religiosidad es cuando adaptas la Palabra de Dios a tu vida en vez de adaptar tu vida a la Palabra de Dios", y temblar ante la Palabra es decidir adaptar nuestra vida a las palabras de Cristo. Cuando decidimos cambiar nuestras vidas para adaptarlas a las palabras de Jesús, estamos decidiendo que ya sea que lo sintamos o no, Él es digno de nuestro amor y de que elijamos de manera diaria amarle obedeciendo Sus mandamientos.

Todos venimos de diferentes culturas y trasfondos y cada cultura tiene una manera de pensar y actuar: hay culturas que, por regla general, dan más valor a la hospitalidad, otras culturas hacen el énfasis en el orden, hay culturas que tienden a la generosidad y otras más austeras. Además de las culturas a las que pertenecemos, cada uno venimos de familias diferentes y cada familia es un mundo aparte en cuanto a su manera de pensar y actuar. Si tomas un momento para pensar en tu familia directa para compararla con la de un primo o vecino, me imagino que no te costará mucho detectar que tu familia tiene su forma particular de hacer las cosas.

Ahora, vengamos de la cultura y de la familia que vengamos, cuando le damos nuestra vida a Cristo lo que estamos haciendo es que estamos decidiendo dejar a un lado todo lo que hemos aprendido a lo largo de toda nuestra vida para que Él entre y lo cambie todo. Nos demos cuenta o no, dar nuestra vida a Dios es decidir ceder nuestra manera de pensar y actuar e invitarle a entrar y reinar, estableciendo así su reinado. Es como si tuviésemos en nuestra mente y vida un sistema de gobierno y decidiéramos despedir al presidente o rey de nuestro gobierno para que Jesús venga con su manera de reinar estableciendo así sus leyes y sus reglas.

Para saber cuáles son las leyes y reglas del reino de los Cielos, debemos meternos de pleno en la Palabra, totalmente abiertos a que Él cambie nuestra forma de actuar. En Juan 14:8-10, Felipe, un discípulo amado de Jesús, pidió a Jesús que le dejase ver al Padre. La respuesta de Jesús fue increíble: "¿Tanto tiempo he estado con vosotros, y todavía no me conoces, Felipe? El que me ha visto a mí, ha visto al Padre; ¿cómo dices tú: "Muéstranos al Padre"? ¿No crees que yo estoy en el Padre, y el Padre en mí? Las palabras que yo os digo, no las hablo por mi propia cuenta, sino que el Padre que mora en mí es el que hace las obras". Si queremos saber cómo piensa el Padre necesitamos ver cómo piensa el Hijo y para saber cuáles son las leyes y reglas del reino de los cielos, y así saber cómo permanecer en su amor, debemos ver las palabras de Cristo y estar dispuestos a hacer girar todo lo que somos en torno a estas palabras; si queremos conocer el corazón del Padre, debemos ver y conocer el corazón del Hijo. Puede que cada cultura y familia tenga buenos valores y razones por las que hacen lo que hacen, pero cuando entra el Rey a reinar, todo debe estar sujeto a cambios para que Él pueda establecer su reino con sus leyes y normas. Pongamos un ejemplo: puede que haya una familia cuyos padres de familia hayan decidido invertir en los recuerdos de sus hijos y en pasar tiempo de calidad como familia en cada oportunidad que tengan. Para ello han acordado no ahorrar tanto sino invertir la mayor parte de su dinero extra en ir al cine con los hijos, invitar a los amigos de sus hijos a cenar e irse de vacaciones en familia. Está bien, ¿verdad? Ahora, imaginémonos que la familia de la casa de al lado tiene otro sistema de valores. Ellos han resuelto como padres de familia que quieren invertir en el futuro a largo plazo de sus hijos, para ello han decidido tener un seguro de vida, usar su dinero para meter a sus hijos a las mejores escuelas y ahorrar para las mejores universidades, a raíz de esto han tomado la decisión de nunca gastar su dinero en diversiones pasajeras como son ir al cine, invitar a gente a casa a cenar o ir de vacaciones. Según sus valores familiares esta decisión también está bien, pero ¿qué sucede cuando ambas familias dan sus vidas a Cristo? Aunque las razones por las que gastaban o ahorraban eran válidas y buenas, de repente, puede que se encuentren confrontados con este tipo de versículos: "A todo el que te pida, dale" (Lucas 6:30) o "No acumulen para sí tesoros en la tierra, donde la polilla y el óxido destruyen, y donde los ladrones se meten a robar" (Mateo 6:19). De repente, deben volver a analizar su sistema de gastos o ahorros, deben decidir diezmar, deben ser sensibles al Espíritu Santo para saber cuál es la diferencia entre ser responsables económicamente y cuándo están "acumulando tesoros en la tierra"; deben de dar dinero que antes hubiesen ahorrado o gastado solo en la familia para ayudar a gente necesitada fuera de su familia directa ¿por qué? Porque la manera en la que ambas familias han de derramar su amor sobre Cristo es "temblando" y respondiendo ante estas palabras de Jesús.

Quizás vengas de una cultura cristiana que te enseñó que "guardar los mandamientos" es dejar a un lado adiciones y establecer pureza sexual, pero cuando Dios viene a reinar en nuestras vidas Él viene con el anhelo de establecer la totalidad de su reino en nosotros y las reglas y leyes de este reino están plasmadas por su Palabra escrita. Puede que vengas de una cultura y familia que te enseñó a no confiar en aquellos que te han hecho daño, pero ¿cómo respondes ante palabras de Jesús que hablan de perdonar? A la mayoría de las personas no les gusta la idea de tener que dar el diezmo, pero tu manera de responder a las palabras de Jesús será un reflejo de tu amor hacia Él. No se trata de legalismo ni se trata de juzgar a aquellos que no reaccionan como reaccionas tú ante la Palabra, sino que se trata de responder a su amor y "nunca dejar de amarle".

Cuando yo me casé, lo hice sabiendo que iba a tener que cambiar cosas en mi forma de actuar. Sabía que iba a tener que aprender a ser más ordenada, sabía que iba a tener que aprender a comunicarme de otras formas cuando estaba cansada o estresada y sabía que iba a tener que hacer cosas como limpiar y cocinar aun en días en los que realmente no me apetecía. Pero además de saber de algunas cosas específicas que iba a tener que cambiar, también sabía que, conforme convivíamos, los dos íbamos a ir descubriendo otras cosas que tendríamos que adaptar ¿Por qué me casé sabiendo que iba a tener que cambiar? Por amor. De la misma manera cuando tú eres consciente de que no hay nada que puedas hacer para que Dios te ame más, ni nada que puedas hacer para que Dios te ame menos, la respuesta natural es querer amarle porque Él te amó primero. Cuando leemos la Palabra y reaccionamos queriendo cambiar nuestros hábitos, esta es la mayor demostración de amor que podemos darle al Padre porque estamos diciendo "más que a mí mismo, yo te amo a Ti y lo que es importante para Ti va a ser importante para mí". ¿Temblarás ante las palabras de Cristo? ¿Adaptarás tu vida a su reino? Es esencial para vivir un estilo de vida en el cual habitas y permaneces en su amor.

PREGUNTAS DE REFLEXIÓN

1. ¿Cómo sueles sentirte amado/a por Dios?

2. Vuelve a leer Juan 15:10, según este pasaje ¿cuál es una manera de demostrarle a Dios que le amamos?

3. Piensa en los mandamientos de Jesús (especialmente los mencionados en el Sermón del Monte desde Mateo 5 hasta Mateo 7) ¿Hay algún mandamiento u orden de Jesús que te cueste obedecer?

4. ¿Cómo crees que puedes reajustar tu manera de leer la Palabra para tener una actitud de "temblar ante su Palabra"?

CAPÍTULO 8
RESPONDIENDO AL SUSURRO DE SU VOZ

Hemos visto que para habitar en su amor tenemos que aprender a obedecer sus mandamientos. Una vida apasionada por Jesús está caracterizada por una vida de obediencia. No es una obediencia legalista ni una obediencia que busca que Dios le ame más por sus obras, sino que es una obediencia que responde al amor que fue derramado en la cruz; de hecho, una vida apasionada, es una vida de obediencia obsesionada con la cruz. En el capítulo anterior hablamos de la manera de responder a su Palabra en obediencia, pero ¿cómo respondemos al susurro de su voz? El primer paso es aprendiendo a reconocer su voz.

Aprendiendo a reconocer su voz

Cuando la gente me pregunta cómo aprender a escuchar la voz de Dios, mi respuesta siempre es la misma: si quieres aprender a escuchar su voz, necesitas pasar tiempo con Él y hacerle preguntas, cuantas más preguntas le hagas más respuestas escucharás. Soy una persona bastante estructurada, me gusta seguir estudios bíblicos y leer pasajes en orden y aunque hay un valor increíble en aprender las verdades de la Biblia a través de seguir un orden, si queremos aprender a escuchar su voz a través de la Palabra, debemos estar abiertos a romper el orden y la estructura. Normalmente, aunque tengo mi orden y estructura, me gusta preguntar a Dios qué quiere Él que lea, suelo comenzar diciendo algo como: "Padre, ¿Qué quieres que lea hoy?" Luego espero (sin temor al silencio incómodo), quizás me venga a la mente alguna referencia o pasaje, cuando esto sucede, la vuelvo a preguntar si eso es correcto: "Padre, me viene a la mente Filipenses 2" (por ejemplo), "¿esta es tu voz?". Después vuelvo a esperar. A veces después de pedirle una confirmación, me viene un sentimiento de que efectivamente quiere que lea ese pasaje, otras veces no estoy segura y otras veces tengo la certeza de que esa no fue su voz. Sienta lo que sienta, debo tomar una acción: o bien volver a preguntar y esperar o bien leer lo que me vino a la cabeza para ver si eso que me vino a la mente fue efectivamente la voz de Dios. Si no comenzamos a dar pasos de fe cuando escuchamos esos pequeños susurros en nuestra mente, no podremos confirmar o desmentir que ese susurro es efectivamente la voz del Padre.

Lo mismo sucede cuando pasas tiempo orando por alguien. Quizás te venga alguien a la mente en quien no has pensado en un tiempo ¿alguna vez te ha pasado? Para mí eso suele ser la manera en la que Dios me lleva a orar por alguien. Cuando esto sucede, la pregunto a Dios: "Padre, ¿qué quieres que ore y qué quieres hacer en y a través de la vida de esta persona?" Luego espero y oro conforme a lo que me vino a la mente. Aunque Dios tiene maneras diferentes de hablar a cada persona, cuando yo oigo el susurro de su voz, normalmente son pequeñas frases que aparecen en mi mente cuando no lo esperaba. Suelo reconocer la voz de Dios porque suele sonar bastante más inteligente que la mía. Hay veces que sé con certeza que lo que me ha venido a la mente es de Dios. Otras veces no estoy segura, pero no pasa nada: sea de la manera que sea, doy un paso de fe porque sé que a Dios le encanta que yo esté intentando escuchar su voz y queriendo orar por otros.

A veces pensamos que si Dios nos va hablar lo va a hacer de una manera muy obvia, dándonos un sueño o una visión o moviendo a alguien a darnos una palabra profética en un gran congreso. Lo cierto, no obstante, es que Dios es un Dios de intimidad y Él anhela intimidad con nosotros tanto como nosotros la anhelamos con Él. Aunque hay veces que puede que nos hable de maneras evidentes, por lo general, suele usar a su Espíritu Santo para susurrar algo a nuestra mente y corazón.

Sea de la manera que sea que Dios nos hable a cada uno, nuestra obediencia a su voz es nuestra respuesta a nuestro encuentro de amor con Él. Cuando decidimos responder al susurro de su voz, estamos decidiendo "permanecer en su amor" sin importar lo que sintamos en el momento. A veces voy andando por la calle y veo a alguien con muletas y me viene a la cabeza la idea de acercarme a esa persona para ver si puedo orar por ella y compartir de Cristo. Algunas veces, cuando esto sucede, automáticamente empiezo a pensar cosas como: "Jaz, ahora mismo no tienes tiempo. Además esa persona parece que no quiere hablar y no sería bueno molestarla". ¿Alguna vez te ha pasado algo así? ¿Sabes por qué nos vienen mil pensamientos a la cabeza cuando escuchamos ese susurro de Dios? Porque si conseguimos convencernos a nosotros mismos de que esos pensamientos no son la voz de Dios, entonces no nos sentiremos culpables si desobedecemos, pero ¿y si cuando nos vienen esos pensamientos respondemos y damos pasos de fe? Esos pasos de fe son la única manera de descubrir si verdaderamente esa fue su voz susurrando a nuestra mente y esos pasos de fe (por diminutos que sean) son un acto de amor hacia Aquel que nunca deja de amarnos.

La llamada a la oración

Hace unos años tuve el privilegio de pasar un mes sirviendo a unos amigos misioneros que estaban trabajando en un país musulmán. Aunque ya había estado de paso en países musulmanes, nunca había tenido la oportunidad de pasar semanas seguidas en un sitio así. Durante mi tiempo allí no dejó de sorprenderme la devoción que el pueblo musulmán tiene hacia la oración. Si nunca has estado en un país musulmán, lo que sucede es más o menos esto: a eso de las cinco de la mañana empieza a sonar desde la mezquita un llamado fuerte al que cientos de personas responden, poniéndose de rodillas y orando a su dios. Esto mismo lo repiten otras cuatro veces durante ese día y no importa dónde estén, en qué estén pensando o si les apetece o no, responden al llamado a la oración.

Un día durante mi tiempo allí empecé a pensar en el versículo en Proverbios 18 que dice que la muerte y la vida están en el poder de la lengua. Esto me llevó a pensar en el poder de lo que hace el pueblo musulmán al declarar tantas veces al día con su lengua que Alá es dios. A raíz de eso me surgió la pregunta de cómo sería la iglesia mundial, si todos los cristianos del mundo orasen cinco veces al día, proclamando que Jesús es el Señor. No sé cómo sea tu personalidad, pero cuando yo veo un problema, me gusta buscar una solución y una solución rápida. Así que pensé: "Voy a hacer una campaña publicitaria en Facebook animando a todos los Cristianos del mundo a declarar cinco veces al día que Jesús es el Señor. Sí, eso voy a hacer, ¡qué buena idea Jaz!". Me dije a mí misma, "vamos a hacer un contra-ataque al pueblo musulmán". Fue entonces que Dios me comenzó a hablar: "Jaz", me dijo "¿por qué crees que los musulmanes responden cuando escuchan el llamado a la oración?" "Bueno", pensé yo, "porque tienen que hacerlo, es su obligación...". En cuanto le contesté esto, sabía exactamente por qué Dios me había hecho esta pregunta y lo que Él quería decirme. Los musulmanes oran porque tienen que hacerlo, pero Dios nos creó para tener una relación de amor con Él.

Dios no está buscando a gente que tenga que orar ni por temor a un Dios malvado, ni para "contra-atacar" a aquellos de otra religión. Está buscando a íntimos que desean orar porque quieren estar con Él. Después de esto, empecé a pensar en cómo reacciono cuando oigo que Jesús me llama a pasar tiempo con Él. Empecé a preguntarme cómo sería mi amistad con Dios si siempre respondiese a su llamado a la oración. A diferencia del pueblo musulmán, Dios no me llama a buscarle cinco veces al día, siempre al mismo tiempo y con las mismas palabras, sino que a lo largo del día susurra en mi oído, "Ven a pasar un tiempo conmigo". Tal vez, "Oye, estoy aquí", o pone una pequeña semilla de hambre en mi interior: un pequeño "algo" que anhela encontrarle más y estar con Él.

Lo bueno del Cristianismo es que nos ha hecho libres para buscarle cuando queramos, pero lo malo del Cristianismo, es que nos ha hecho libres para buscarle cuando queramos...y muchas veces no queremos. Al igual que el pueblo musulmán que responde al llamado sin importar lo que estén haciendo o donde estén, Dios nos llama a responder su llamado a orar y, muchas veces, no tiene en cuenta si estamos en un aeropuerto, en el trabajo, si nos apetece, si teníamos otros planes o si estamos dormidos. Nos llama a estar con Él, no como obligación sino como invitación. Y como hijos, estamos aprendiendo a responder a su llamado a la oración, estamos aprendiendo a dejarnos cautivar y enamorar más y más de Él, a dejar a un lado nuestro espíritu independiente y dejar que Él sea el que organiza nuestro horario.

Jesús dejó a su Espíritu Santo para guiarnos a una vida de obediencia y para que pudiésemos vivir vidas de fe en las que verdaderamente creemos que nada es imposible. El Pastor Bill Johnson dice: "El Espíritu Santo vive en cada creyente, pero descansa en unos pocos". Descansa en aquellos que responden a su Palabra y a su voz. Es nuestra decisión si queremos ser un lugar donde Él puede realmente habitar. Aunque la realidad es que no hay nada que podamos hacer para que Dios nos ame más ni nada que podamos hacer para que Dios nos ame menos, sí podemos decidir dar pequeños pasos de obediencia para crear un lugar donde Él pueda y quiera habitar.

Quizás no podamos responder a su llamado en medio del trabajo de la misma manera que lo haríamos en casa. Quizás no podamos responder a las cinco de la mañana como lo haríamos a las once, pero si Él nos llama, tiene que haber una forma de responder. Quizás solo sea con una pequeña respuesta como: "Hola Señor, aquí estoy....gracias por llamarme por nombre, te amo". Quizás podamos levantarnos de nuestro lugar de trabajo e ir al baño durante unos minutos para hablar con Él, sea de la manera que sea que decidamos responder, es nuestra decisión vivir vidas en las que "nunca dejamos de amarle".

Cuando desobedecemos

Probablemente te estés preguntando, "Y ¿qué pasa cuando oigo ese susurro y desobedezco?" Si soy sincera, yo he sido culpable de desobedecerle más veces de lo que me gustaría admitir. Antes de entender su gracia, cuando desobedecía, reaccionaba condenándome a mí misma y diciéndome cosas como: "Muy mal, Jaz, deberías estar avergonzada de tu comportamiento. Seguro que Dios está avergonzado de ti. ¿Cómo va a poder usarte si no le obedeces? No mereces ser usada por Dios ni mereces ser parte de los que traen su reino a la tierra". Pensaba que cuando hacía algo mal delante de Dios tenía que demostrarle que realmente lo sentía y que si Él veía que me estaba condenando, me perdonaría más rápido. Básicamente pensaba que cuanto más me castigaba a mí misma por mis fallos, más gracia tendría Dios hacía mí. ¡Menos mal que Dios no es como nosotros! Él no está anhelando que nos castiguemos, está anhelando que vivamos en la libertad por la que Él pagó el precio supremo en la cruz.

Me encantaría decir que ahora que entiendo más acerca de su amor y de su gracia, no desobedezco ni ignoro ese pequeño susurro, pero la verdad es que todavía tengo días en los que me equivoco. La diferencia es que ya no me condeno porque sé que la condenación no viene de Él (Romanos 8:1). Sé que machacarme y regañarme a mí misma no me va a liberar del temor ni me va a hacer más obediente. Sé que condenarme no va a hacer que Él me ame más. Ahora, cuando desobedezco, me lo tomo como una invitación a enamorarme más de Él porque sé que los enamorados son los que hacen locuras y que –dado a que yo le amo porque Él me amó primero– necesito llenarme más de su amor para así vivir una vida en la que respondo a este amor. Cuando desobedezco ya no oigo un castigo en mi interior, sino que oigo una invitación a un nivel mayor de amor e intimidad.

Un día mi esposo y yo tuvimos el privilegio de cenar con un pastor que llevaba sirviendo como misionero en un país que sufre persecución. Con una gran sonrisa en su rostro y sin ninguna intención de enorgullecerse, este hombre nos enseñó fotos de los carteles puestos por su ciudad en las que viene su foto con un gran título de "Se Busca". Nos mostró fotos de la bomba que estalló en su casa cuando le intentaron matar . Nos contó sus experiencias en la cárcel cuando fue detenido por su fe. Después de solo unos minutos, nos sentíamos retados en nuestra fe y mi esposo decidió hacerle esta pregunta: "Cuando viniste aquí ¿viniste queriendo dar tu vida por Jesús?" Muy para sorpresa mía, el pastor contestó: "No. Cuando vine no estaba listo para morir por Cristo, pero Él me ha ido enamorando y preparando para estar listo para dar mi vida". Así es nuestro Dios, conforme más le conocemos más nos va enamorando de Él . Si aprendemos a responder, acabaremos viviendo como verdaderos locos haciendo locuras por nuestro amado Jesús y ¿qué pasa cuando desobedecemos el susurro de su voz? La respuesta es sencilla: Él nos ama con locura y al igual que con este misionero, su anhelo es llenarnos tanto de su amor que ya no quepa un "no" en nosotros.

Luchando contra el "no"

Hay un temor santo en mí al escribir que Él quiere llenarnos de su amor tanto que no quepa un "no" en nosotros Aunque es totalmente verdad, no quiero que en ningún momento se interprete que simplemente proseguimos con nuestras vidas diarias diciéndole que no hasta que Él hace algo. Hay una invitación a luchar con el "no" en nuestro interior y Él es completamente digno de que lo hagamos.

Hace poco escuché una historia de una mujer que sabía que había mucho "no" en ella y decidió luchar contra ese "no". Se encerró en un cuarto y le comenzó a preguntar a Dios "Señor, ¿iría a África si me lo pidieses?" No fingió ser más madura espiritualmente de lo que era, ni le dio una respuesta religiosa a Dios sino que se imaginó despidiéndose de todo a su alrededor. Se imaginó teniendo que aprender otro idioma, viviendo sin agua corriente y sin wifi. Fue sincera con el Señor: "No, Señor", le dijo, "no lo haría....ayúdame a ver que tú eres digno". Esperó y luchó hasta poder decir que sí a Dios. Luego siguió con otro "no" que había en ella. Hizo esto durante cuatro horas, repasando cada "no" que encontraba en su corazón hasta que pudo decir que sí a Dios de manera genuina y apasionada sin titubear ni vacilar. ¿No es esto mismo lo que hizo Jesús en el Getsemaní cuando le dijo al Padre,

"Padre mío, si es posible, que pase de mí esta copa; pero no sea como yo quiero, sino como tú quieras" (Mateo 26:39). Luchó con el "no" que había en Él porque anhelaba restaurarnos a su gloriosa familia. Él es digno de que nosotros hagamos lo mismo hasta poder darle un "Sí" rotundo a cualquier deseo de su corazón.

PREGUNTAS DE REFLEXIÓN

1. ¿Cómo sueles reaccionar cuando Dios te pide algo? ¿Por qué crees que sueles reaccionar así?

2. ¿Crees que Dios te puede pedir cualquier cosa o hay algo en ti con lo que todavía sientas un "no"? Invita a Dios a que derrame sobre ti más de su amor para que ya no quepa ningún "no" en ti.

3. Si quieres practicar escuchar la voz de Dios, puedes seguir estos pasos:

1. Cierra los ojos y pon toda distracción a un lado, dejando cualquier preocupación a los pies de Cristo.

2. Pídele que te traiga a la mente alguien por quien orar.

3. A continuación, pregúntale qué quiere hacer Él en la vida de esta persona. Quizás te traiga una palabra a la mente como "gozo" o "paz" o quizás te hable de algo más específico. No te preocupes si solo te viene una palabra a la cabeza o si no entiendes del todo qué es lo que Dios quiere.

4. Ora conforme a lo que vino a tu pensamiento, pidiéndole a Dios que derrame sobre esa persona lo que hayas sentido o que se mueva conforme a lo que te vino a la mente.

CAPÍTULO 9
CUANDO DIOS GUARDA SILENCIO

Quizás estés pasando por un tiempo en el que parece que no oyes la voz de Dios. Puede que estés pensando, "Yo quiero responder al susurro de su voz pero sencillamente no lo oigo". Algunos círculos cristianos se refieren a este tiempo como un "desierto espiritual", pero la verdad es que creo que muchas veces usamos la excusa de que estamos pasando por un "desierto espiritual" para no persistir en nuestra búsqueda de Dios. Esto no quiere decir que no haya momentos en los que parece que Dios esté callado o momentos en los que nuestra relación con Él parece más complejo. Puede que en medio de algo difícil estés escuchando la mentira de que Dios no te habla y, por lo tanto, no estés intentando escucharle. Los estudios neurológicos demuestran que el cerebro humano busca evidencia para demostrar que es verdad aquello que piensa que es verdad. Por ejemplo: si piensas que no eres muy inteligente, al final del día tu cerebro buscará evidencia para demostrar que no eres inteligente (aunque quizás sí lo seas y tan solo te estés creyendo una mentira del diablo). De la misma manera, si estás convencido de que Dios no te habla y de que estás en un "desierto espiritual", tu cerebro no buscará evidencia de la voz de Dios, sino que buscará evidencia de que ciertamente tú no le sientes ni le oyes. En realidad, puede que esto no sea verdad. ¿Has considerado que si no estás escuchando la voz de Dios puede que sea porque Él te está hablando de otra manera distinta a la que estás acostumbrado o que sea porque está esperando una respuesta de ti? Sea la razón que sea, cuando pasas por un momento en el que parece que no oyes su voz, tienes dos opciones: o bien abrazar el mito del "desierto espiritual" y conformarte con una relación con Dios diferente a lo que sueñas y anhelas, o buscar el por qué del cambio de volumen de la voz de Dios y perseguirle con todo tu ser para conocerle más.

Es tiempo de madurar

La mayoría de la gente coincide en que cuando comienzan su relación con Dios parece que Dios les hablaba a través de absolutamente todo: abren la Biblia y ponen el dedo y escuchan la voz de Dios a través del pasaje bajo su dedo, miran el cielo y ven a Dios a través de las nubes y de los pájaros, llegan a un semáforo y Dios les habla a través del cambio de color. ¿Te pasó también a ti? ¿Alguna vez te has preguntado por qué?

Proverbios 25:2 dice: "Es gloria de Dios encubrir una cosa, pero la gloria de los reyes es investigar un asunto". Dios esconde cosas – o se esconde a sí mismo - pero no para que no las encontremos sino para que las encontremos. Es como si estuviese jugando al escondite con sus hijos. ¿Te acuerdas de haber jugado al escondite con tus padres cuando eras pequeño? Cuando un bebé de un año juega al escondite suele ser bastante sencillo: suele tapar sus ojos o su rostro con una mantita. Cada vez que baja la mantita, los papás actúan increíblemente sorprendidos y fingen no haber sabido que su hijo estaba allí. Sin embargo, conforme el niño crece, el escondite se vuelve un poco más complicado. De repente, el papá se esconde detrás de un sofá dejando algo visible para que el niño no se asuste, quizás deja que su pierna sobresalga detrás de un lateral o permite que su cabello se asome por la parte superior ¿por qué? porque el deseo del papá es ser encontrado por su hijo. Lo mismo hace Dios con nosotros, cuando llegamos a Él nos habla a través de absolutamente todo porque somos bebés, pero conforme crecemos empieza a "esconderse" de maneras un poco más complicadas ¿por qué? Porque Él desea que maduremos espiritualmente y la madurez incluye conocer su Palabra y aprender a escuchar su voz de diferentes maneras.

Cambios de frecuencia

Durante varios años de mi vida, cada vez que oraba tenía algún tipo de visión. No eran visiones abiertas (con los ojos abiertos), sino que aparecían imágenes en mi imaginación a través de las cuales Dios me hablaba o a través de las cuales me guiaba a leer algo en la Palabra.

Una noche me acosté y tuve un sueño: Dios no acostumbraba a hablarme a través de sueños. Para mí esto no era habitual; de hecho, lo normal era despertarme sin recordar lo que había soñado. Sin embargo, esta noche en particular soñé que estaba dando a luz. Allí, en mi sueño, había un médico y uno de mis pastores – alguien que para mí representaba un padre espiritual. En mi sueño, cada vez que miraba al médico, el parto empezaba a complicarse pero cuando cerraba los ojos y escuchaba al pastor animándome y guiándome en cómo respirar, el parto salía bien sin ninguna complicación. De repente, me desperté y escuché que Dios me habló fuertemente, "Jaz, estás entrando en una etapa donde no vas a escuchar Mi voz y vas a tener que confiar en la voz de los padres y madres espirituales que he puesto en tu vida". Esto fue exactamente lo que pasó, fue como si de repente alguien hubiese apagado un interruptor y encendido otro, oraba y, aunque sentía paz y sentía su presencia, no escuchaba su voz. Leía la Palabra y, aunque disfrutaba de aprender, no había nada que me hablase a mí en particular.

Además de estar pasando por un tiempo en el que no escuchaba su voz, también estaba a punto de quedarme sin sitio donde vivir. Necesitaba que Dios me guiase hacia dónde ir y dónde vivir, así que ¿qué tuve que hacer? Tuve que poner a un lado mi independencia y aprender a depender de gente que Dios había puesto en mi vida. Escribí varios emails a pastores y mentores que habían sido parte de mi crecimiento espiritual a lo largo de los años y tuve que tomar varios cafés con diferentes personas. ¿Por qué? Porque Dios –como Padre bueno y perfecto que es- quería que madurase espiritualmente y que aprendiese a depender de su cuerpo.

Quizás estés pasando por un tiempo en el que no escuches la voz de Dios de la manera que solías hacerlo. Si es así, te animo a preguntar a Dios cómo quiere hablarte y a intentar cambiar tu manera habitual de buscarle. A veces Dios cambia la frecuencia de radio a través de la que nos habla para que aprendamos a escuchar su voz de maneras diferentes. Puede que escucharas siempre la voz de Dios cuando estabas en el coche con la música de alabanza a todo volumen y que ahora sea tiempo de estar quieto y leer su Palabra. Puede que antes escucharas la voz de Dios a través de cada predicación y ahora sea un tiempo de abrirte a otros. Sea cual sea la manera en la que Dios te solía hablar te animo a no asumir que estás "en un desierto espiritual" y a intentar buscarle de otra manera. Aparta más tiempo de lo habitual y cambia tu rutina, Él anhela hablarte.

Un llamado a la mayordomía

En Mateo 25 encontramos la parábola de los talentos. En esta historia, un hombre llama a sus siervos y les da diferentes cantidades de bienes. Se va de viaje y, después de un tiempo, regresa para ver qué han hecho sus siervos con lo que les encomendó. En los versículos 14 y 15 leemos: "Porque el reino de los cielos es como un hombre que al emprender un viaje, llamó a sus siervos y les encomendó sus bienes. Y a uno le dio cinco talentos, a otro dos, y a otro uno, a cada uno conforme a su capacidad; y se fue de viaje..." Hay dos cosas interesantes acerca de estos versículos: por un lado, tenemos al amo dando diferentes cantidades a diferentes personas, y, por otro lado, vemos que se va durante un tiempo. Algunos cristianos viven comparándose constantemente con lo que Dios ha dado a la persona de al lado, pero necesitamos recordar que Dios nos ha dado exactamente lo que podemos gestionar, "a cada uno conforme a nuestra capacidad".

Imagínate esta situación: tienes dos hijos adolescentes y debes irte de viaje durante unos días. Como no quieres que tus hijos se mueran de hambre, tienes que dejarles dinero para poder comprarse unas pizzas. Cada uno de tus hijos tiene su propia personalidad y su nivel de madurez. Uno de ellos siempre tiene el cuarto desordenado, constantemente pierde su móvil, se olvida de hacer los deberes y, cuando vais a salir de casa, nunca sabe dónde dejó sus zapatos. El otro hijo parece que ha madurado un poco más rápido, no es que sea más inteligente y definitivamente no es que lo ames más, pero eres consciente de que ya tiene su pequeña cuenta de ahorros, ha conseguido trabajos los fines de semana paseando a los perros de los vecinos y, por lo general, parece estar un poco más organizado. Cuando te tengas que ir de viaje, ¿a cuál de los dos dejarás el dinero para comprar la comida ese fin de semana? Al más organizado y maduro. Ahora, aunque lo normal sería dejarle el dinero al más organizado, conforme pase el tiempo y vayas viendo que el otro hijo va madurando y aprendiendo a ser responsable con lo poco que le dejes, irás confiándole más y más ¿verdad? Pues esto es lo que hace Dios con nosotros: no solo nos da talentos y finanzas, sino que nos habla acerca de cosas específicas que quiere que hagamos. Luego, al igual que el amo de esta parábola, puede parecer que "se va de viaje" o que "se va lejos" (según la versión de RVR 60). Cuando Él se aleja, lo hace porque quiere ver qué hacemos con lo que Él nos habló.

Una vez escuché un testimonio de una familia que tenía un hijo enfermo. Este niño tenía múltiples problemas y solo podía comer su alimento en estado líquido a través de un tubo. Un día, ambos padres sintieron que Dios les dijo que llevasen su hijo a un lugar lejano en el cual oraban mucho por enfermos y del cual se escuchaba la manifestación del poder de Dios de manera habitual a través de sanidades. Aunque, al principio, la pareja se emocionó con la idea, conforme vieron los precios de vuelos y lo complicado que iba a ser llevar a su hijo hasta allí, se desanimaron y descartaron la idea. Seis meses después, sentían que estaban en este famoso "desierto espiritual". Al consultarlo el uno con el otro se dieron cuenta de que lo último que ambos habían escuchado de Dios era cuando les habló de llevar a su hijo a este lugar. Así que, aunque el viaje iba a ser largo y complicado, decidieron dar el paso de fe y ser buenos mayordomos de lo que Dios les había hablado viajando al otro lado del mundo y llevando a su niño para que orasen por él. Allí oraron por él y, aunque al principio no pareció pasar nada, en solo unas horas, el niño comenzó a comer alimento sólido por primera vez en su vida. ¿Te imaginas si Dios hubiese pensado "Bueno, no quieren ir donde Yo sé que su hijo va a ser sanado...No pasa nada, voy a hablarles de otra cosa". Dios es un Padre tan bueno que, cuando Él nos habla y no respondemos, Él guarda silencio para que reaccionemos y obedezcamos. Él sabe que nos conviene responder a lo que nos habló y anhela que maduremos en nuestra obediencia.

Si estás pasando por un tiempo en el que no oyes su voz, pregúntate qué fue lo último que te habló. Quizás leíste algo en la Palabra y lo ignoraste porque iba a ser demasiado trabajo "temblar ante estas palabras". O quizás sentiste algo en oración pero te convenciste que era tu voz en vez de la suya. A veces, Él se aleja después de hablarnos, no para que lo pasemos mal, sino porque nos ama tanto que sabe que es fundamental que respondamos a su voz para así poder ser aún más libres y vivir aún más enamorados.

Él es un buen Padre

No sé cuál es tu reacción al no oír la voz de Dios, pero durante años yo me condenaba y me machacaba cuando no oía su voz (por si a estas alturas del libro no te has dado cuenta: me condenaba y me machacaba constantemente por todo). Estaba totalmente convencida de que Él me estaba susurrando y que, si no conseguía oírlo, era porque yo estaba demasiado ocupada y porque tenía demasiado ruido en la cabeza. Un día estaba escuchando hablar a un pastor que tenía dos hijos: uno de ellos había nacido con un alto porcentaje de sordera y el otro era un niño normal sin ningún impedimento físico. El pastor dijo, "Si yo, siendo un padre humano e imperfecto, no hablo a mis hijos con el mismo tono de voz sino que al que tiene el impedimento le hablo más fuerte, ¿no crees que Dios, como Padre perfecto, nos hablará más fuerte cuando tenemos un impedimento a la hora de escucharle?" ¡Esto me liberó! En vez de condenarme al no escuchar su voz, comencé a orar, "Papá, si me estás hablando y no te oigo, por favor, háblame más fuerte. No es mi intención ignorarte ni desobedecer, quiero oír Tu voz. Háblame". Pasé de condenarme a descansar en el hecho de que Él me quería hablar. Al fin y al cabo, si lo piensas, este es el ejemplo que tenemos a lo largo de la Escritura: cuando alguien en la Biblia seguía adelante sin obedecer la voz de Dios, Él era fiel en hablar "más fuerte" enviando un profeta, un hermano o incluso una zarza. ¿Cómo no va a hacer lo mismo con nosotros? Ahora, esto no significa que si no le oímos sigamos con nuestras vidas ajetreadas esperando a que Él irrumpa. Puede que lo haga, pero también puede que esté esperando a que nos apartemos y allí, en el silencio, digamos, "Papá, háblame más fuerte".

PREGUNTAS DE REFLEXIÓN

1. Piensa en algunas de las maneras en las que Dios te hablaba cuando comenzaste a caminar con Él ¿ha cambiado su manera de hablarte a lo largo de las semanas, meses o años?

2. ¿Cómo sueles escuchar la voz de Dios? ¿Alguna vez has experimentado un "cambio de frecuencia" en la que de repente Dios te empieza a hablar de otra manera?

3. ¿Qué fue lo último que Dios te dijo y cómo has sido o puedes ser buen mayordomo de esto?

CAPÍTULO 10
MANTENIENDO LA LLAMA

Mi deseo es que al finalizar este libro, haya en ti un mayor deseo de conocerle, rendirte y amarle. Por otra parte, mi temor es que esto dure solo unas semanas hasta que surja otra distracción en tu vida que te descarrile de la meta que es simplemente Él: Cristo, nuestro amado y nuestro amante. Así que, ¿cómo podemos mantenernos hambrientos por Él?

Piensa en la época de tu vida en la que has tenido más hambre de Dios. ¿Te acuerdas de cuánto creciste en tu fe durante este tiempo? ¿Y si pudieses tener ese hambre todos los días durante los siguientes cinco o diez años? ¿Cómo crees que serías y cuál crees que sería el fruto de tu vida? Cuando tenemos hambre de Él y respondemos buscándole, tenemos la promesa de que le encontraremos (Lucas 7:8). Cuando le encontramos, Él nos llena de su amor, presencia y pasión por su reino. Un atajo a crecer espiritualmente es mantenerte hambriento por Él, porque si tienes hambre, esta te llevará a buscarle y Él es fiel para responder cuando le buscamos. No estoy intentando decir que si encontramos y recibimos más de Dios el mérito es nuestro ¡de ninguna manera! No podemos recibir ninguna gloria cuando le encontramos porque el hambre en sí, el deseo mismo de buscarle, fue depositado por el Espíritu Santo. Ni tú ni yo hemos hecho nada para recibir más de Él; sin embargo, sí es nuestra decisión responder cuando reconocemos su hambre en nosotros. Si lo piensas, en el Antiguo Testamento Dios era el que enviaba el fuego al altar, pero los sacerdotes eran los encargados de mantener la llama encendida. De la misma manera, tú y yo estamos encargados de mantener encendida la pasión hacia Él. La única manera de hacerlo es siendo mayordomos del hambre que Él ha depositado en nosotros. Él nos da este increíble regalo: hambre. Es nuestra responsabilidad alimentarla por muy sutil que sea.

Banderas rojas

Dependiendo del día y del viento, el mar puede ser un lugar increíblemente pacífico o un lugar aterrador y ruidoso. Cuando el día está tranquilo y el mar cristalino, los socorristas suelen poner una bandera verde para indicar a los bañistas que no hay peligro alguno y que pueden bañarse sin preocupación. Conforme aumente el tamaño de las olas y la velocidad de los vientos, ponen o bien una bandera naranja o amarilla para que los bañistas tengan precaución, o una bandera roja en los días de marea tempestuosa para indicar que hay un gran peligro y que los bañistas deben tomar medidas. Los socorristas no ponen estas banderas para molestar o porque disfrutan al ver cómo los nadadores sufren al no poder nadar. Las ponen por el bien de la gente que va a la playa. De la misma manera, el Espíritu Santo nos avisa cuando corremos el peligro de enfriarnos o de perder el hambre que tenemos de Él. Es solo cuestión de que aprendamos a reconocer sus "banderas rojas" que nos avisan del peligro de perder nuestra pasión.

En el Salmo 42 encontramos el salmo más famoso en cuanto al tema del hambre de Dios. Al leer las palabras de este salmista, uno puede imaginarse fácilmente la desesperación y el anhelo que sentía el salmista cuando dijo, "Como el ciervo anhela las corrientes de agua, así suspira por ti, oh Dios, el alma mía. Mi alma tiene sed de Dios, del Dios viviente...". ¿Has experimentado este tipo de hambre alguna vez? ¿No te encantaría vivir con este anhelo constantemente? Aquí está lo interesante de este Salmo, si seguimos leyendo encontramos el "por qué" de la desesperación del salmista cuando en el versículo 4 dice: "Me acuerdo de estas cosas y derramo mi alma dentro de mí; de cómo iba yo con la multitud y la guiaba hasta la casa de Dios...". Este salmista no se despertó con esta necesidad, no acababa de volver de un gran congreso, no estaba "recién convertido" y no estaba en una "etapa de hambre". Estaba, más bien, recordando momentos en los que las cosas le iban mejor, momentos en los que quizás estaba más apasionado y tenía más necesidad y en los cuales buscaba más de Dios. Estaba respondiendo a "la bandera roja" en él.

¿Alguna vez te has despertado un domingo por la mañana ansioso por ir a la iglesia, deseoso de alabar y no queriendo que se acabe ese tiempo de adoración? Eso podría representar un tiempo en el que naturalmente tienes hambre de Dios ¿verdad? Ahora, ¿alguna vez has experimentado lo opuesto? ¿Te has despertado un domingo por la mañana pensando, "ojalá no fuese domingo" y, una vez en la iglesia, te has encontrado mirando tu reloj deseando que se acabase la alabanza? El querer que se acabe la alabanza cuando antes hubieses deseado que no se acabase puede ser una bandera roja. El salmista dijo, "Me acuerdo de estas cosas... de cómo iba yo con la multitud y la guiaba hasta la casa de Dios".

Cuando el Espíritu Santo nos recuerda otros momentos en los que le servíamos, le alabábamos y le buscábamos, no es para condenarnos, ni para avergonzarnos. Ya hemos visto que no hay condenación para los que están en Cristo Jesús. Él nunca nos condena pero sí saca una bandera roja para que tomemos medidas y reaccionemos ante este aviso. Hay dos posibles reacciones que podemos tener al "recordar estas cosas": podemos asumir que estamos en una fase en la cual no tenemos hambre y proseguir por nuestro camino, o podemos hacer lo que hizo el salmista: derramar nuestra alma, poner nuestra mirada en Él y correr hacia nuestro Salvador como el ciervo corre hacia las aguas. Yo reconozco las "banderas rojas" en mí cuando alguien se acerca a mí pidiendo oración y mi deseo es hacer una oración corta para irme a casa. ¿Cómo sé que esto es una bandera roja? Porque "recuerdo estas cosas", cómo yo amaba orar por las personas y podía ser la última en irme de una reunión con tal de ver a alguien transformado por el poder y el amor de Dios. Esa "bandera roja" que me recuerda cómo era antes es una pizca de hambre dada por el Espíritu Santo y es mi decisión el cómo voy a reaccionar.

Negándonos a perder nuestro primer amor

En el libro de Apocalipsis, Jesús le da siete mensajes a Juan para que él los transmita a las siete iglesias. Entre estos mensajes uno de ellos es para la iglesia en Éfeso. Primero Dios empieza a reconocer la fidelidad y perseverancia de esta iglesia pero termina diciendo, "Pero tengo esto contra ti: que has dejado tu primer amor…" (Apocalipsis 2:4). Muchas personas piensan que el amor apasionado por Cristo es algo que solo se siente en el comienzo de nuestra relación con Dios. De hecho, hay muchos cristianos que hablan de otros diciendo cosas como, "Mira qué bonito, este nuevo cristiano sigue en su primer amor", como si fuese algo que deberíamos asumir que un día se va a perder. Dios no lo ve así y nosotros tampoco deberíamos verlo así. ¿Cuál es la solución? En el versículo 5 dice: "'Recuerda, por tanto, de dónde has caído y arrepiéntete, y haz las obras que hiciste al principio". Si has perdido tu primer amor, si llevas tiempo viendo "banderas rojas" en ti e ignorándolas: ¡arrepiéntete! No significa que tengas que machacarte o condenarte. El arrepentimiento significa "cambiar de parecer" y es una decisión. Ahora, según este pasaje, ¿cuáles son los frutos o los pasos a seguir después de arrepentirnos? Hacer las obras que hacías al principio.

Cuando yo estaba en este proceso de entender la gracia de Dios y volver a enamorarme de Cristo, estaba en una escuela Bíblica. No fui porque estuviera en una "etapa hambrienta" por más de Dios, sino más bien porque, al igual que el salmista, me había dado cuenta de que ya no le amaba como antes. Darme cuenta de esto causó en mí una determinación de volver a amarle como al principio. Al llegar a la escuela no tenía automóvil ni manera de llegar todos los días a clase, pero me hice amiga de un vecino que sí lo tenía, que estaba en mi misma clase y al que no le importaba llevarme cada día. Un día, un profesor hizo un anuncio de que necesitaban un equipo de voluntarios que se comprometiese a llegar pronto a la escuela todos los días para colocar las sillas. Yo escuché el anuncio en la lejanía y lo ignoré. Sencillamente, no quería comprometerme a tener que llegar pronto todos los días durante el resto del año escolar. Lo que yo no sabía es que el chico que me llevaba a la escuela se había apuntado a servir y, dado que él sabía que la única manera que yo tenía para llegar era en su automóvil, también me había apuntado a mí. Cuando me lo dijo yo sonreí y le di las gracias por apuntarme, (tenía mucha "levadura de fariseos" en mí y sabía fingir para aparentar más espiritual) pero la realidad es que yo no quería ir pronto a clase y, definitivamente no quería colocar sillas. Unos días más tarde, mientras colocaba las sillas, Dios comenzó a hablarme y a recordarme otros momentos de mi vida en los cuales había "colocado sillas". Empecé a recordar cómo intentaba apuntarme de voluntaria a todos los congresos para poder servir y colocar sillas. Empecé a recordar los primeros días después de darle mi vida a Cristo y cómo llegaba pronto a todas las reuniones por si acaso alguien necesitaba ayuda y cómo muchas de estas veces terminaba colocando las sillas. El pensar en "las obras" que hacía al principio y el volver a hacerlas empezó a recordarme el por qué lo hacía y poco a poco, empecé a volver hacia el corazón del Padre.

Jesús le dio una clave a la iglesia de Éfeso para saber cómo regresar a su primer amor: "Haz las obras que hacías al principio". ¿Por qué? Porque cuando llegamos a Cristo por primera vez no hacemos obras que nos glorifiquen. Nadie llega siendo pastor o líder, sino que llegamos y hacemos obras simplemente porque Él es digno de que hagamos lo que sea para extender su reino. Cuando volvemos a hacer estas obras, alineamos nuestra visión con la razón por la cual hicimos todo al principio: Él y simplemente Él. Él es nuestra visión.

PREGUNTAS DE REFLEXIÓN

1. ¿Por qué crees que Dios mandó a la iglesia de Éfeso hacer las cosas que hacía al principio? ¿Cuál fue la primera manera en la que serviste a Dios cuando le conociste?

2. Cuando piensas en los momentos en los que más enamorado te has sentido de Dios ¿qué tipo de cosas solías hacer y cómo te sentías al hacerlas?

3. ¿Puedes pensar en "banderas rojas" que el Espíritu Santo puede traer a tu mente para enfocarte hacia su corazón?

CONCLUSIÓN

Así que, ¿qué harás? Ya sea que hayan pasado solo unos días desde que comenzaste tu caminar con Cristo y que este sea el primer libro cristiano que lees o ya sea que lleves años desde que diste tu primer paso hacia la cruz y seas un gran teólogo, la invitación es la misma: vivir una vida en la que haces tu morada en su amor.

¿Vivirás esta vida en la que habitas en Él, dejando que Él fluya a través de ti? Cuando dejamos de operar en nuestras fuerzas y dejamos que Él fluya, la recompensa es una vida increíble e indescriptiblemente gozosa.

¿Alguna vez te has dado cuenta de que la gente más gozosa es la que vive ofreciendo el mayor sacrificio? Esa señora mayor de tu congregación que vive una vida de oración constante, el voluntario en el orfanato de niños, el pastor que tiene un trabajo secular de lunes a viernes y da todo el fin de semana para servir al Cuerpo de Cristo. ¿Por qué? Porque cuanto más libres somos de nuestro egoísmo, más contentos estamos. El propósito original de Dios no fue que viviésemos pensando en nuestros problemas y obsesionados con nuestra comodidad, fue el que viviésemos libres en unión y comunión con Él. Este estilo de vida requiere sacrificio, pero la recompensa es increíble. Aunque puede que estas páginas hagan que parezca muy sencillo, soy consciente de que para algunos puede ser muy complicado porque puede que requiera un cambio y los cambios nunca son fáciles.

No te voy a mentir, vivir una vida en la que haces tu morada en su amor requiere decisión y sacrificio. Temblar ante su palabra significa abrazar el cambio y muchas veces plantarle cara a tus temores y al "qué dirán" de las personas que están a tu alrededor. Conocer al Espíritu Santo como persona y deshacerte del silencio incómodo requiere tiempo y dedicación – cualquier relación en el mundo requiere tiempo y dedicación, ¿cuánto más una relación con tu creador invisible? Pero quiero que sepas una cosa: si decides plantarle cara a la levadura y a la religiosidad y responder a su amor, al susurro de su voz y a la verdad de su palabra, no te arrepentirás. No hay mayor gozo que vivir pegados a Él. Él es nuestra razón de ser y lo que nos impulsa a vivir esta vida apasionada es Él. Jesús mismo, Dios hecho hombre.

En Romanos 14:17 dice, "Porque el reino de Dios no es comida ni bebida, sino justicia, paz y gozo en el Espíritu Santo". La mayoría de nosotros nos hemos enfocado tanto en la parte de nuestra vida de vivir en justicia que se nos ha olvidado que otra gran parte de nuestra vida cristiana debería de caracterizarse por nuestro gozo. Cuando vivimos pegados a Él ¡claro que vivimos en santidad y justicia! Estamos dejando que su palabra nos forme y estamos aprendiendo a reaccionar al susurro de su voz, pero nuestras vidas no deberían de ser conocidas solo por nuestra justicia, sino por la paz de Dios en nosotros y por el insuperable gozo que rebosa de nuestro interior. El gozo que nace de vivir habitando en Él, dejando que derrame sobre nosotros su amor y respondiendo a este amor entregando nuestro todo.

PREGUNTAS DE REFLEXIÓN

1. Cuando piensas en todo lo mencionado en este libro ¿Qué es lo que más te costaría cambiar para poder vivir una vida donde habitas en su amor?

2. ¿Hay algún hábito en tu vida que sientas que Dios te esté pidiendo que cambies para crear un estilo de vida de sacrificio y gozo?

3. ¿Cómo crees que puedes empezar a caminar hacia una vida que se caracterice por la justicia, la paz y el gozo?

ESCUELA CULTURA REAL

Dios está derramando una nueva revelación de su gracia a su iglesia y está levantando a una nueva generación (sin importar la edad) para que esta se levante y traiga su reino a la tierra. En Cristo, somos real sacerdocio, con un Dios real viviendo en nosotros, que anhela transformar este mundo con la realidad de su amor. Es por eso que hemos desarrollado el material de "Cultura Real". Originalmente solo existía como escuela online diseñada para enseñar y activar a cada alumno a vivir un estilo de vida sobrenatural. Ahora también disponible como material para grupos de mujeres, grupos en casa y grupos de jóvenes. La meta es que cada alumno que utilice el material de Cultura Real pueda entender quién es como nueva criatura en Cristo y cómo traer su reino a la tierra. Ya sea que lleves muchos años en Cristo o que estés recién integrado en la familia, esta escuela te ayudará a adentrarte en niveles más profundos de intimidad con Él y a caminar en nuevos niveles de una vida sobrenatural.

Made in the USA
Columbia, SC
10 August 2018